Was ist Neuevangelisierung?

Erzbischof
Rino Fisichella

Was ist Neuevangelisierung?

Erzbischof Rino Fisichella

Sankt Ulrich Verlag

Titel der Originalausgabe: La nuova evangelizzazione
© 2011 Arnoldo Mondadori Editore S.p.A., Milano
Übersetzt von Gabriele Stein

Bibliographische Information der Deutschen Bibliothek

Die Deutsche Bibliothek verzeichnet diese Publikation in der
Deutschen Nationalbibliographie; detaillierte bibliographische Daten
sind im Internet über http://dnb.ddb.de abrufbar.

© 2012 by Sankt Ulrich Verlag GmbH, Augsburg
Alle Rechte vorbehalten
Umschlaggestaltung: Sankt Ulrich Verlag GmbH, Augsburg
Titelbild: © Irochka / fotolia
Druck und Bindung: CPI BOOKS, Ebner & Spiegel, Ulm
Printed in Germany
ISBN 978-3-86744-219-0
www.sankt-ulrich-verlag.de

Inhalt

Inhalt

I Eine Herausforderung
Historisches Bewusstsein 7 – Prophetisches Gespür 12 –
Eine Frucht des Zweiten Vatikanischen Konzils 15

II Die Neue Evangelisierung
Die Grundlage 24 – Die Entwicklung 27 – Die
Entstehung 28 – Neuevangelisierung oder Wieder-
evangelisierung? 30

III Der Kontext
Der Säkularismus 35 – Ein orientierungsloser Mensch 42 –
Die Krise des Abendlandes 44 – Jenseits der Krise 52 –
Der Beitrag der Christen 54 – Ein Blick in die Zukunft 57

IV Jesus Christus im Zentrum
Der Inhalt 63 – Die Methode 67 – Die Entwicklung 70 –
Die Frage nach Gott 74

V Schauplätze der Neuevangelisierung
Eine beständige Forderung 79 – Die Liturgie 81 – Die
christliche Liebe 83 – Ökumene 89 – Einwanderung 91 –
Kommunikation 93

VI Perspektiven
Eine aktuelle Herausforderung 96 – Das Szenario der
Kultur 97 – Der Sendungsauftrag der Kirche 100 – Wahrheit
und Liebe 103 – Das Sakrament der Beichte 106 – Identität
und Zugehörigkeit 108 – Die Katechese 110 – Eine neue
Anthropologie 113

VII Neue Boten des Evangeliums
Die gemeinsame Berufung 122 – Ein einziges Priestertum 123 – Die Personen des geweihten Lebens 135 – Laien 138 – Jeden einzelnen erreichen 141

VIII Der Weg der Schönheit
Glaube und Schönheit 145 – Die Schönheit behüten 149 – Die Kathedrale als Ort der Neuevangelisierung 153 – Leidenschaft für die Schönheit 157

IX Die Ikone
Ein genialer Einfall 162 – Ein Katechismus aus Stein 165 – Eine Kirche für die Stadt 170

X Schlussbemerkung
Zweitausend Jahre unterwegs 175 – Im Glauben gerettet 178 – Gemeinsam aufbauen 180

Anmerkungen 185

I Eine Herausforderung

Historisches Bewusstsein

Als ich mich am 29. März 2010 zu einer Privataudienz bei Benedikt XVI. einfand, ahnte ich nicht, worüber er mit mir sprechen wollte. Alle meine bisherigen Treffen mit ihm waren, ebenso wie meine zahlreichen Begegnungen mit Johannes Paul II., nach einem präzisen Plan verlaufen, und auch die Gesprächsthemen waren schon im Vorfeld bekannt gewesen, damit man sich vorbereiten konnte. Doch diesmal gestaltete sich alles eher ungewöhnlich. Prälat Georg Gänswein, der mir die Audienz angekündigt hatte, war seltsam zurückhaltend gewesen. Meine wiederholten Versuche, mehr zu erfahren, hatten ihm lediglich den rätselhaften Satz entlockt: „Der Heilige Vater will mit dir über eine Aufgabe sprechen, die dir *auf den Leib geschneidert* ist." An sich war diese deutsche Redewendung deutlich genug, doch beruhigen konnte mich die klare Bildlichkeit keineswegs. Ich blätterte das *Päpstliche Jahrbuch* durch und versuchte darin etwas zu entdecken, was mir „auf den Leib geschneidert" sein könnte, doch ich fand nichts oder, besser gesagt: Ich fand verschiedene Aufgaben, die für mich in Frage kommen mochten.

Trotz meiner Allergie gegen „Versetzungsgerüchte", wie man sie so häufig zu hören pflegt, begann ich zunehmend auf die verschiedenen Stimmen zu achten, die mich bereits sicher in der einen oder anderen Kongregation wähnten. Die Erfahrungen aus der Vergangenheit hatten mich jedoch davon überzeugt, dass das, was man am Morgen sagt, am Abend nicht mehr gilt. „Gerüchte" sind ein Sport, der in gewissen Kreisen mit großer Hingabe betrieben wird, und der Wettlauf, bei dem es darum geht, über Ernennungen bereits informiert zu sein, ehe sie überhaupt ausgesprochen worden sind, ruft offenbar in manchen Menschen eine Erregung hervor, die ich nicht zu teilen vermag. Und so konzentrierte ich mich schließlich in den Wochen vor der Unterredung mit dem Heiligen Vater einfach auf meine alltägliche Arbeit und sah der Audienz geduldig und gelassen entgegen.

Mit dem, was Benedikt XVI., als ich dann endlich vor ihm saß, mit geradezu selbstzufriedenem Lächeln zu mir sagte – ich zitiere wörtlich –, hätte ich jedoch niemals gerechnet: „Ich habe in den letzten Monaten viel nachgedacht. Ich wünsche ein Dikasterium für die Neuevangelisierung einzurichten und bitte Sie, den Vorsitz zu übernehmen. Ich werde Ihnen meinen Entwurf zukommen lassen. Was halten Sie davon?" Ich war sehr überrascht und stammelte nur: „Heiliger Vater, das ist eine große Herausforderung." Im weiteren Verlauf des Gesprächs dachten wir gemeinsam über die möglichen Strukturen der neuen Behörde nach. Nach der Audienz war ich sehr froh. Die Furcht, die ich noch vor einer halben Stunde empfunden hatte, hatte sich in Begeisterung verwandelt. Überdies hatte ich ja die letzten dreißig Jahre meines Lebens damit zugebracht, darüber zu forschen, zu lehren und zu schreiben, wie man dem Menschen von heute das Christentum näherbringen, wie man ihn zu einem Nachdenken über die Liebe des gestorbenen und auferstandenen Christus anregen und wie man Glauben und Vernunft miteinander aussöhnen kann, um ein kraftvolles und freies Glaubensbekenntnis zu ermöglichen, kurz, ich dachte bei mir: Der Papst stellt mich auf die Probe, als wollte er mir sagen: „Du hast so lange geforscht – jetzt zeig mir, ob das alles nur Theorie gewesen ist …"

Wenn ich in den darauffolgenden Tagen über mein zukünftiges Amt nachdachte, wurde mir mit jedem Mal deutlicher bewusst, wie treu mich der Herr jahrelang an der Hand gehalten und genau an diesen Punkt geführt hatte. Ich blickte auf mein bisheriges Leben zurück, und der rote Faden, nach dem ich so oft vergeblich gesucht hatte, lag plötzlich klar und deutlich vor mir. Alles hatte mich auf diese entscheidende Aufgabe vorbereitet: dem Menschen von heute die Notwendigkeit des Glaubens an Jesus Christus zu vermitteln.

Wenn ich mir diese biographische Abschweifung erlaubt habe, dann nur, weil ich sie für wichtig gehalten habe, um die Entwicklung der Ereignisse besser zu verstehen. Die folgenden Seiten sind lediglich eine persönliche Lesart dessen, was ich mir unter „Neuevangelisierung" vorstelle.

Einige Eckdaten sollen uns helfen, die Problematik klarer zu umreißen. Da ist zunächst einmal die Bischofssynode, die im Oktober 2012 zusammentreten wird, um über das Thema der „Neuen Evangelisierung für die Weitergabe des christlichen Glaubens" nachzudenken. Im Anschluss daran wird ein Apostolisches Schreiben des Heiligen Vaters unter anderem die Überlegungen der Synode zusammenstellen und den Weg, den die Kirche in den nächsten Jahrzehnten zu beschreiten berufen ist, auf eine systematischere, angemessenere und effizientere Weise skizzieren. Angesichts solcher Termine und Dokumente will das vorliegende Buch lediglich einige persönliche Gedanken und Ideen zu einem Thema formulieren, das die Kirche vor allem im Westen beschäftigt. Das Interesse, das die Einrichtung des Päpstlichen Rates zur Förderung der Neuevangelisierung in der Welt erregt hat, ist wirklich außergewöhnlich, und die geweckten Erwartungen bestätigen nur um so mehr, dass Benedikt XVI. hier ein wahrhaft *prophetisches* Gespür bewiesen hat. Ich benutze diesen theologisch bedeutungsschweren Begriff hier mit voller Absicht, denn er soll zum Nachdenken über das gegenwärtige Leben der Kirche anregen; das *Hic et nunc* ist nicht etwa eine Kategorie, die uns vom Wesentlichen ablenkt, im Gegenteil: Es verpflichtet uns dazu, die Epoche, in der wir leben, realistisch in den Blick zu nehmen, so dass ein jeder die Last der eigenen Verantwortung spürt. Gleichzeitig aber veranlasst es uns, mit Weitblick in die Zukunft zu schauen, damit diese uns weder unvorbereitet noch untätig antrifft, sondern wir in der Lage sind, frei auf sie zu reagieren, weil unser Glaube wachsam und aufmerksam geblieben ist. Ich wünsche mir also, dass die folgenden Seiten helfen mögen, die große Herausforderung zu begreifen, die die Kirche in den nächsten Jahrzehnten erwartet: eine Herausforderung, die man ohne Übertreibung als historisch bezeichnen kann.

Wir stehen am Ende einer Epoche, die unsere Geschichte im Guten wie im Bösen beinahe sechs Jahrhunderte lang geprägt hat. Diese Tatsache – und ebendas will ich zu zeigen versuchen – verpflichtet uns dazu, uns ernsthaft mit dem Neuen auseinanderzusetzen, das sich am Horizont abzeichnet. Wir wissen noch nicht genau, was da auf uns zukommt. Für den Moment können wir lediglich einige Indizien ausmachen, die auf eine neue Epoche schließen lassen. Noch ist es schwierig zu sagen, wer der Protagonist dieser neuen Epoche sein wird. Wichtig ist meiner Ansicht nach, dass die Kirche sich in einer solchen Zeit des Übergangs dafür verantwortlich fühlt, ein lebendiges Erbe an Kultur und an Werten weiterzugeben, das nicht dem Vergessen anheimfallen darf. Die Folgen nämlich wären vor allem für die in der Entstehung begriffene neue Gesellschaft selbst verheerend. Sie käme blind und verkrüppelt zur Welt. Unfähig, in die Zukunft zu blicken und außerstande, sie zu gestalten. Nur eine lebendige Tradition, die das in Jahrhunderten aufgebaute Erbe zu erhalten und zu festigen vermag, kann eine echte Zukunft garantieren.

Es wäre nicht das erste Mal, dass die Kirche eine solche Aufgabe auf sich nimmt. Unsere Geschichte zeigt deutlich, welche Rolle sie in kulturellen Krisenzeiten und historischen Übergangsphasen immer wieder gespielt hat. Wir müssen an dieser Stelle nicht alle Wendepunkte der Geschichte Revue passieren lassen – es genügt ein kurzer Blick etwa auf das 4. Jahrhundert, um zu begreifen, mit welcher Umsicht die von intelligenten, mutigen und klugen Bischöfen geleitete Christengemeinschaft eine Brücke zwischen dem untergehenden Römischen Reich und der entstehenden christlichen Kultur zu schlagen vermochte. Dasselbe lässt sich von den Anfängen des Humanismus und der Renaissance sagen, als weitblickende Päpste die Genialität eines Michelangelo, Raffael, Tizian oder Tasso erkannten und ihnen die Tore weit aufstießen, so dass auch wir heute uns noch an den Kunstschätzen erfreuen können, die jene nicht ohne gewaltige Opfer schufen. Natürlich gab es auch „finstere" Momente; leider ist die Geschichte keine steigende Parabel, sondern, bedingt durch die Natur des Menschen, eher eine Sinuskurve mit unvermeidlichen Höhen und Tiefen.

Prophetisches Gespür

Die Entscheidung Benedikts XVI., den Päpstlichen Rat zur Förderung der Neuevangelisierung einzurichten, wurde bei der Feier der heiligen Messe am Vorabend des Fests der heiligen Petrus und Paulus amtlich. In der Basilika Sankt Paul vor den Mauern erklärte der Papst während der Predigt, er habe „beschlossen, einen neuen Organismus in der Form eines ‚Päpstlichen Rates' ins Leben zu rufen, dessen Hauptaufgabe es sein wird, in jenen Ländern eine neue Evangelisierung voranzutreiben, wo zwar schon eine erste Verkündigung des Glaubens erfolgte und es Kirchen alter Gründung gibt, die aber eine fortschreitende Säkularisierung der Gesellschaft und eine Art ‚Finsternis des Sinnes für Gott' erleben. Diese Herausforderung drängt uns, geeignete Mittel zu finden, um die immerwährende Wahrheit des Evangeliums Christi erneut vorschlagen zu können."

Offiziell wurde das neue Dikasterium sodann mit dem Apostolischen Schreiben *Ubicumque et semper* errichtet; dieses Dokument datiert vom 21. September 2010, dem liturgischen Festtag des heiligen Apostels und Evangelisten Matthäus. Die symbolische Bedeutung dieses bewusst gewählten Termins liegt auf der Hand: Die Neuevangelisierung steht in Kontinuität zu dem Gebot Christi, der seine Apostel in alle Welt sendet, und wurzelt damit im Evangelium. Meines Erachtens kann die Gründung dieses neuen Rates als „prophetisch" bezeichnet werden. Ich verwende dieses Adjektiv, wie schon gesagt, nicht zufällig, denn es verweist auf die Notwendigkeit, den großen Herausforderungen der Gegenwart ins Auge zu sehen und gültige Antworten darauf zu finden, zugleich aber auch mit Weitblick in die Zukunft zu schauen, um herauszufinden, auf welche Weise die Kirche berufen sein wird, ihren Dienst inmitten großer kultureller Veränderungen zu entfalten, die den Anfang einer neuen Epoche für die Menschheit markieren. Kurz, der Papst will dem missionarischen Geist der Kirche mit dieser prophetischen Idee vor allem dort neue Kraft eingießen, wo der vom Säkularismus bedrängte Glaube zu schwinden droht.

Diesen Grundgedanken formuliert auch das Apostolische Schreiben *Ubicumque et semper;* hier schreibt Benedikt XVI.: „In unserer Zeit ist eines ihrer ungewöhnlichen Merkmale das Sich-Messen mit dem Phänomen der Abkehr vom Glauben gewesen, was zunehmend in Gesellschaften und Kulturen deutlich geworden ist, die seit Jahrhunderten vom Evangelium geprägt schienen. Die gesellschaftlichen Veränderungen, die wir in den letzten Jahrzehnten miterlebt haben, haben komplexe Ursachen, deren Wurzeln zeitlich weit zurückreichen und die Wahrnehmung unserer Welt tiefgreifend verändert haben. Man denke an die gigantischen Fortschritte der Wissenschaft und der Technik, an die Ausweitung der Lebensmöglichkeiten und der Räume individueller Freiheit, an die tiefgreifenden Veränderungen auf wirtschaftlichem Gebiet, an den durch massive Migrationsbewegungen verursachten Vorgang der Mischung von Völkern und Kulturen, an die wachsende gegenseitige Abhängigkeit unter den Völkern. Das alles ist auch für die religiöse Dimension des Lebens des Menschen nicht ohne Konsequenzen geblieben. Und wenn die Menschheit von diesen Veränderungen einerseits unleugbare Vorteile erfahren und die Kirche weiteren Ansporn erhalten hat, Rechenschaft zu geben von der Hoffnung, die sie erfüllt (vgl. 1 Petr 3,15), hat sich andererseits ein besorgniserregender Verlust des Sinnes für das Heilige gezeigt, was sogar zur Infragestellung jener Fundamente geführt hat, die unanfechtbar zu sein schienen, wie der Glaube an Gott, den Schöpfer und Erhalter, die Offenbarung Jesu Christi als des einzigen Erlösers und das gemeinsame Verständnis der Grunderfahrungen des Menschen, wie Geborenwerden, Sterben, das Leben in einer Familie und der Bezug zum natürlichen Sittengesetz."

Noch direkter benennt er die Zuständigkeitsbereiche, denen die Neuevangelisierung sich vor allem wird widmen müssen: „Indem ich die Sorge meiner verehrten Vorgänger annehme, halte ich es für angebracht, angemessene Antworten anzubieten, damit sich die ganze Kirche, indem sie sich von der Kraft des Heiligen Geistes neu beleben lässt, der heutigen Welt mit einem missionarischen Elan zeige, um eine neue Evangelisierung zu fördern. Diese bezieht sich vor allem auf die Kirchen alter Gründung, die zudem in sehr unterschiedlichen Realitäten leben und dementsprechend jeweils andere Bedürfnisse haben und auf unterschiedliche Impulse zur Evangelisierung warten: in einigen Territorien zeigt sich die christliche Praxis trotz des zunehmenden Phänomens der Säkularisierung tatsächlich noch mit guter Lebenskraft und mit einer tiefgehenden geistigen Verwurzelung ganzer Bevölkerungsteile; in anderen Regionen bemerkt man jedoch eine eindeutigere Distanzierung der Gesellschaft in ihrer Gesamtheit vom Glauben, mit einem schwächeren kirchlichen Gefüge, auch wenn Elemente der Lebendigkeit nicht fehlen, die der Heilige Geist unaufhörlich hervorruft; und dann kennen wir leider Zonen, die fast vollständig entchristlicht erscheinen, in denen das Licht des Glaubens dem Zeugnis kleiner Gemeinschaften anvertraut ist: diese Territorien, welche einer erneuerten Erstverkündigung des Evangeliums bedürften, scheinen gegenüber vielen Aspekten der christlichen Botschaft besonders unempfänglich zu sein.

Die Unterschiedlichkeit der Situationen erfordert eine aufmerksame Unterscheidung; von einer ‚neuen Evangelisierung' zu sprechen, bedeutet nämlich nicht, eine einzige gleichlautende Formel für alle Umstände ausarbeiten zu müssen. Und es ist jedenfalls nicht schwer zu erkennen, dass das, was alle Kirchen benötigen, die in traditionell christlichen Territorien leben, ein erneuerter missionarischer Elan ist, Ausdruck einer neuen hochherzigen Offenheit für das Geschenk der Gnade."

Eine Frucht des Zweiten Vatikanischen Konzils

Der Päpstliche Rat zur Förderung der Neuevangelisierung wurzelt in einem wichtigen Untergrund, der ihn trägt und ihm eine solide Basis und Orientierung für seine künftige Aufgabe bietet. Ich bin davon überzeugt, dass dieses Dikasterium eine der reifsten Früchte des II. Vatikanums darstellt. Inzwischen sind fünfzig Jahre seit der Eröffnung jenes Konzils vergangen, dessen Zielen wir nur gerecht werden können, wenn wir uns auf die Worte Johannes' XXIII. besinnen. Wiederholt ist in seiner programmatischen Ansprache *Gaudet Mater Ecclesia* von der Notwendigkeit die Rede, die Gegenwart in ihrem veränderten Verhältnis zu Gott zu betrachten, um herauszufinden, in welchen Formen man ihr das Evangelium am besten vermitteln kann. Die theologisch gesehen stärkste Formulierung ist zugleich wohl auch die bekannteste: „Es muss, was alle ernsthaften Bekenner des christlichen, katholischen und apostolischen Glaubens leidenschaftlich erwarten, diese Lehre in ihrer ganzen Fülle und Tiefe erkannt werden, um die Herzen vollkommener zu entflammen und zu durchdringen. Ja, diese sichere und beständige Lehre, der gläubig zu gehorchen ist, muss so erforscht und ausgelegt werden, wie unsere Zeit es verlangt. Denn etwas anderes ist das *Depositum Fidei* oder die Wahrheiten, die in der zu verehrenden Lehre enthalten sind, und etwas anderes ist die Art und Weise, wie sie verkündet werden, freilich im gleichen Sinn und derselben Bedeutung."[1] Mehrfach verwendet der Papst in besagter Ansprache Begriffe, die sich auf das Thema der Neuevangelisierung beziehen lassen, so spricht er von „neuen Energien", erwähnt „eine neue Ordnung" und die Gegenwart, „die neue Umweltbedingungen und neue Lebensverhältnisse geschaffen und dem katholischen Apostolat neue Wege geöffnet hat", und sagt, es sei „nicht unsere Aufgabe, diesen kostbaren Schatz nur zu bewahren, als ob wir uns einzig und allein für das interessieren, was alt ist, sondern wir wollen jetzt freudig und furchtlos an das Werk gehen, das unsere Zeit erfordert, und den Weg fortsetzen, den die Kirche seit zwanzig Jahrhunderten zurückgelegt hat." All diese Formulierungen sind Anzeichen dafür, wie weitblickend Johannes XXIII. voraussah, dass das immer gleiche Evangelium einmal auf eine neue Art verkündet werden würde.

Man kann viel darüber diskutieren, welchen Stellenwert das II. Vatikanum in der jüngeren Geschichte der Kirche eingenommen hat; doch wie man es auch dreht und wendet, eines steht unbestritten fest: das Konzil verfolgte das Ziel, die Kirche wieder auf den Kurs der Evangelisierung der Gegenwartswelt zu bringen. Alle Konstitutionen - nicht nur die beiden eher ekklesiologisch geprägten *Lumen gentium* und *Gaudium et spes,* sondern auch *Sacrosanctum Concilium* und *Dei Verbum* – formulieren dieselbe Grundidee und thematisieren dieselbe Problematik: die Frage nämlich, wie der hauptsächliche und vorrangige

Sendungsauftrag erfüllt werden kann, das Evangelium auf neue und wirkungsvolle Weise zu verkünden.

Dennoch sind für uns natürlich vor allem diejenigen Texte aufschlussreich, in denen das Konzil jene Forderung, die wir heute als „Neuevangelisierung" bezeichnen, explizit formuliert. Stellvertretend für alle wollen wir hier an den Appell im Dekret über die Missionstätigkeit *Ad gentes* erinnern: „Diese Aufgabe [...] ist überall und in jeder Lage ein und dieselbe, auch wenn sie, je nach Umständen, nicht in der gleichen Weise ausgeübt wird. Folglich kommen die Unterschiede, die innerhalb dieser Tätigkeit der Kirche anzuerkennen sind, nicht aus dem inneren Wesen der Sendung selbst, sondern aus den Bedingungen, unter denen diese Sendung vollzogen wird. Diese Bedingungen hängen entweder von der Kirche oder von den Völkern, den Gemeinschaften und den Menschen ab, an die sich die Sendung richtet. Obgleich die Kirche die Fülle der Heilsmittel zur Verfügung hat, wirkt sie doch nicht immer und nicht sogleich im vollen Umfang und kann dies auch nicht. Vielmehr kennt sie Anfänge und Stufen in ihrer Tätigkeit, mit der sie den Plan Gottes zu verwirklichen sucht. Ja bisweilen ist sie genötigt, nach glücklich begonnenem Voranschreiten abermals einen Rückschritt zu beklagen, oder sie verbleibt doch wenigstens in einem gewissen Zustand der Unvollständigkeit und Unzulänglichkeit. [...] Jeder der genannten Bedingungen bzw. Stadien müssen eigene Wirkformen und geeignete Mittel entsprechen. [...] Bei dieser missionarischen Tätigkeit der Kirche treten verschiedene Bedingungen zuweilen nebeneinander auf: zunächst solche des Neubeginns oder Pflanzens, dann solche der Neuheit oder Jugend. Sind diese vorüber, so endet dennoch die missionarische Tätigkeit der Kirche nicht. Vielmehr obliegt den inzwischen konstituierten Teilkirchen die Pflicht, sie fortzusetzen und das Evangelium den einzelnen zu verkündigen, die noch draußen stehen. Überdies ändern sich die Gemeinschaften, innerhalb deren die Kirche besteht, aus verschiedenen Ursachen nicht selten von Grund auf, so dass völlig neue Bedingungen auftreten können. Dann muss die Kirche erwägen, ob diese Bedingungen ihre missionarische Tätigkeit neuerdings erfordern" (Nr. 6). Wie man auch an diesem letzten Satz erkennen kann, richtet sich der Blick des II. Vatikanums auf die Forderung nach einer erneuerten Form, in der die Kirche ihrem naturgegebenen Evangelisierungsauftrag nachkommen kann.

Etwa zehn Jahre später berief Paul VI. die Bischofssynode ein, die über das Thema der Evangelisierung beraten sollte, und die Aktualität seines daran anschließenden Apostolischen Schreibens *Evangelii nuntiandi* (EN, 1975) ist bis heute ungebrochen. Der Papst erinnerte an die Worte Johannes' XXIII. und bekräftigte sie „anlässlich des zehnten Jahrestages des Abschlusses des Zweiten Vatikanischen Konzils, dessen Anliegen sich letztlich in einem Wort zusammenfassen lassen: die Kirche des 20. Jahrhunderts besser zu befähigen, das Evangelium der Menschheit des 20. Jahrhunderts zu verkünden." Ferner betonte er, dass es „unbedingt notwendig ist, Uns das überlieferte Glaubensgut vor Augen zu stellen, das die Kirche in seiner unantastbaren Reinheit bewahren, aber auch den Menschen unserer Zeit in einer möglichst verständlichen und überzeugenden Weise darbieten muss" (Nr. 2–3). Der Begriff der „Neuevangelisierung" kommt in diesem Schreiben nicht vor; das ändert jedoch nichts daran, dass ganz konkret von einer neuartigen Verkündigung des Evangeliums die Rede ist. Unter anderem bieten jene Seiten eine eindrucksvolle Analyse der Veränderungen, die das Phänomen des Alles-in-Frage-Stellens in der Welt hervorgerufen hatte. Das Konzil hatte aus chronologischen Gründen nicht einmal die Zeit gehabt, sich dieser Veränderungen bewusst zu werden, doch auf der Synode war die besagte Problematik deutlich zutage getreten – genauso wie auch der nachdrückliche Wunsch der Kirche, den Königsweg der Mission wiederzufinden, auch wenn die Bischöfe sich über die Modalitäten der Umsetzung nicht ganz einig werden konnten.

„Der Bruch zwischen Evangelium und Kultur ist ohne Zweifel das Drama unserer Zeitepoche, wie es auch das anderer Epochen gewesen ist" – dieser Satz Pauls VI. (EN 20) weist einerseits auf den Kern der Frage hin und regt andererseits auch noch Jahrzehnte später zu ernsthaftem Nachdenken an: vor allem im Licht einer anderen symptomatischen Aussage des Montini-Papstes, die Benedikt XVI. in seiner Enzyklika *Caritas in veritate* (Nr. 53) wiederaufgreift, dass nämlich „die Welt krank ist, weil ihr Gedanken fehlen". „Das Evangelium und somit die Evangelisierung", betonte Paul VI. mit Nachdruck, „identifizieren sich natürlich nicht mit der Kultur und sind unabhängig gegenüber allen Kulturen. Dennoch wird das Reich, das das Evangelium verkündet, von Menschen gelebt, die zutiefst an eine Kultur gebunden sind, und kann die Errichtung des Gottesreiches nicht darauf verzichten, sich gewisser Elemente der menschlichen Kultur und Kulturen zu bedienen. Unabhängig zwar gegenüber den Kulturen, sind Evangelium und Evangelisierung jedoch nicht notwendig unvereinbar mit ihnen, sondern fähig, sie alle zu durchdringen, ohne sich einer von ihnen zu unterwerfen" (EN 20). Daher erklärte er unumwunden: „Es gilt – und zwar nicht nur dekorativ wie durch einen oberflächlichen Anstrich, sondern mit vitaler Kraft in der Tiefe und bis zu ihren Wurzeln – die Kultur und die Kulturen des Menschen im vollen und umfassenden Sinn, den diese Begriffe in Gaudium et spes haben, zu evangelisieren, wobei man immer von der Person ausgeht und dann stets zu den Beziehungen der Personen untereinander und mit Gott fortschreitet" (EN 20).

Natürlich war dem Papst bewusst, dass die Evangelisierung ein komplexes Unterfangen ist und die Verabsolutierung auch nur eines Teils die ganze Mission gefährden würde; deshalb erinnerte er mit Klugheit daran, dass „keine partielle und fragmentarische Definition […] der reichen, vielschichtigen und dynamischen Wirklichkeit [entspricht], die die Evangelisierung darstellt; es besteht immer die Gefahr, sie zu verarmen und sogar zu verstümmeln. Es ist unmöglich, sie zu erfassen, wenn man sich nicht darum bemüht, alle ihre wesentlichen Elemente in die Betrachtung mit einzubeziehen" (Nr. 17). Zugleich erklärte er mit Nachdruck und unmissverständlich: „Es gibt keine wirkliche Evangelisierung, wenn nicht der Name, die Lehre, das Leben, die Verheißungen, das Reich, das Geheimnis von Jesus von Nazareth, des Sohnes Gottes, verkündet werden" (Nr. 22).

Im daran anschließenden Abschnitt sagt Paul VI. explizit, dass die Evangelisierung auf eine wirkliche neue Weise zu erfolgen habe: „Auch diese Frage bleibt stets aktuell, denn die Weisen der Evangelisierung sind verschieden, je nach den unterschiedlichen Umständen der Zeit, des Ortes und der Kultur. Diese Unterschiede sind eine ganz bestimmte Herausforderung an unsere Entdeckungs- und Anpassungsfähigkeit. Insbesondere uns, den Hirten in der Kirche, ist die Sorge aufgetragen, kühn und umsichtig und zugleich in unbedingter Treue zum Inhalt die geeignetsten und wirksamsten Weisen zur Mitteilung der Botschaft des Evangeliums an die Menschen unserer Zeit neu zu entdekken und in die Tat umzusetzen" (Nr. 40). Anschließend hebt er wichtige Punkte hervor, die auch heute noch gültige Grundlagen der Neuevangelisierung sind: die Liturgie, den Primat des Zeugnisses, die nötige Vertrautheit mit den neuen Kommunikationsmitteln, die Volksfrömmigkeit ..., kurz: Die Aktualität von *Evangelii nuntiandi* ist unbestreitbar, und ihre Schlussfolgerung stellt eine bleibende Herausforderung dar: „So mahnen Wir Unsere Mitbrüder im Bischofsamt, die vom Heiligen Geiste mit der Leitung der Kirche Gottes betraut worden sind. Wir ermahnen die Priester und Diakone, Mitarbeiter der Bischöfe in der Aufgabe, das Volk Gottes zu sammeln und die Ortsgemeinden geistlich zu betreuen. Wir ermahnen die Ordensleute, Zeugen einer Kirche, die zur Heiligkeit berufen ist; sie selbst sind dadurch eingeladen zu einem Leben, das von den Seligpreisungen des Evangeliums Zeugnis ablegt. Wir ermahnen die Laien: die christlichen Familien, die Jungen und die Erwachsenen, die Berufstätigen, die Führungspersönlichkeiten; nicht zu vergessen die Armen, die oft reich im Glauben und in der Hoffnung sind; alle Laien, die sich ihrer Rolle als Träger der Evangelisierung im Dienst ihrer Kirche oder im Herzen der Gesellschaft und der Welt bewusst sind. Ihnen allen sagen Wir: Es ist unabdingbar, dass unser Verkündigungseifer aus einer echten Heiligkeit unseres Lebens kommt, die aus dem Gebet und vor allem aus der Eucharistie Kraft und Stärkung erhält, und dass – wie uns das Zweite Vatikanische Konzil ans Herz legt – die Predigt ihrerseits den Prediger zu größerer Heiligkeit führt. Eine Welt, die – so paradox es klingt – trotz unzähliger Zeichen der Ablehnung Gottes ihn auf unerwarteten Wegen sucht und schmerzlich spürt, dass sie seiner bedarf; eine solche Welt fordert Verkünder, die von einem Gott sprechen, den sie kennen und der ihnen so vertraut ist, als sähen sie den Unsichtbaren. Die Welt verlangt und erwartet von uns Einfachheit des Lebens, Sinn für das Gebet, Nächstenliebe gegenüber allen, besonders gegenüber den Armen und Schwachen, Gehorsam und Demut, Selbstlosigkeit und Verzicht. Ohne diese Zeichen der Heiligkeit gelangt unser Wort nur schwer in die Herzen der Menschen unserer Zeit. Es läuft Gefahr hohl und unfruchtbar zu sein" (Nr. 76).

Johannes Paul II. war es, der das Schlagwort der „Neuevangelisierung" einführte, und er tat dies mit der ganzen Autorität seines Lehramts. Ob er dabei schon in allen Einzelheiten an jene Bewegung dachte, die in der Folgezeit tatsächlich daraus entstehen sollte, ist schwer zu sagen; doch gerade aufgrund ihrer Doppeldeutigkeit war dieses Schlagwort ein anschaulicher Fingerzeig auf den zu beschreitenden Weg und hat in den verschiedenen Formen der Pastoral eine glückliche Entsprechung gefunden. Viele kirchliche Einrichtungen hatten nun wieder einen Horizont, auf den sie ihr pastorales Handeln ausrichten konnten, und viele erkannten die Dringlichkeit dieses Anliegens und machten sich das Wort des heiligen Paulus wieder neu zu eigen: „Wenn ich nämlich das Evangelium verkünde, kann ich mich deswegen nicht rühmen; denn ein Zwang liegt auf mir. Weh mir, wenn ich das Evangelium nicht verkünde!" (1 Kor 9,16). Wo sich Müdigkeit und Verwirrung eingeschlichen hatten, wuchsen nun neue Begeisterung und Kraft. Somit verweist die Frage der Evangelisierung zum einen auf den entscheidenden Kern, mit dem die Kirche sich im Lauf der Jahrhunderte immer wieder auseinandersetzen muss, weil er zu ihrem eigenen Wesen gehört; und sie zeigt zum anderen, dass die in den vergangenen Jahrzehnten immer wieder vorgebrachten Lösungen, so gut und qualifiziert die verschiedenen Vorschläge auch gewesen sein mögen, dennoch nicht ausreichen, weil es eines erneuerten Engagements bedarf, das die Kirche selbst betrifft.

II Die Neue Evangelisierung

Die Grundlage

Das Neue Testament verwendet verschiedene Bezeichnungen für das Offenbarungswirken Jesu; seine Tätigkeit wird nicht nur als ein „Verkündigen" und „Lehren", sondern oft auch als ein *Evangelisieren* beschrieben. Mit diesem Verb, das sich schon in den Büchern des Alten Testaments findet, drückte man gemeinhin aus, dass jemand eine gute Nachricht überbrachte – zum Beispiel die Geburt eines Kindes oder den Sieg in einer Schlacht. Einen typisch religiösen Sinn erhält der Begriff dann im Buch des Propheten Jesaja, wo wir die folgenden Worte lesen: „Wie willkommen sind auf den Bergen die Schritte des Freudenboten, der Frieden ankündigt, der eine frohe Botschaft bringt und Rettung verheißt, der zu Zion sagt: Dein Gott ist König" (Jes 52,7). Dieser Vers bezieht sich auf den Herold, der dem Volk bei seiner Rückkehr aus der babylonischen Sklaverei vorangeht. Die Einwohner Jerusalems, die auf den Mauern und Türmen der Stadt Ausschau halten, erwarten die Ankömmlinge und erblicken von der Spitze des Berges aus den Boten, der aus voller Kehle die Befreiung und Heimkehr verkündet. In der Vorstellung des Propheten jedoch verkündet der Herold den wahren Sieg; dieser besteht weniger in der Rückkehr aus dem Exil als vielmehr in der Tatsache, dass Gott auf den Zion zurückkehrt und damit eine neue Phase der Geschichte beginnt. Diese Vorstellung greift der Prophet an anderer Stelle noch einmal auf; dort heißt es: „Der Geist Gottes, des Herrn, ruht auf mir; denn der Herr hat mich gesalbt. Er hat mich gesandt, damit ich den Armen eine frohe Botschaft bringe" (Jes 61,1).

Die Nähe zwischen diesen Formulierungen und denen, die wir in den Schriften wiederfinden, ist unmittelbar und eindrucksvoll. Jesus identifiziert sich in seiner Verkündigung mit dem erwarteten Freudenboten. In seiner Person und in den Zeichen, die er vollbringt, wird die Erfüllung der Verheißung Gottes sichtbar, ein neues Zeitalter der Geschichte anbrechen zu lassen: sein Reich. Nach ihm werden die Apostel, Paulus und die anderen Jünger, mit den Boten gleichgesetzt, die eine Nachricht des Heils und der Freude bringen. In einem berühmten Abschnitt aus dem Römerbrief greift der Apostel die Stelle aus dem Buch Jesaja explizit auf und bezieht sie auf alle Christen, die das Evangelium verkünden: „Wie sollen sie nun den anrufen, an den sie nicht glauben? Wie sollen sie an den glauben, von dem sie nichts gehört haben? Wie sollen sie hören, wenn niemand verkündigt? Wie soll aber jemand verkündigen, wenn er nicht gesandt ist? Darum heißt es in der Schrift: Wie sind die Freudenboten willkommen, die Gutes verkündigen!" (Röm 10,14–15). Interessanterweise lässt der Apostel in seinem Prophetenzitat die Berge weg. Das ist ein indirekter Hinweis darauf, wie die Aufgabe der neuen Boten zu verstehen ist: Sie sind mit ihrem Auftrag in die ganze Welt gesandt. In der Apostelgeschichte schließlich wird die gute Nachricht des Evangeliums direkt mit der Person Jesu in Verbindung gebracht, mit dem erwarteten Messias, der mitten unter uns gelebt hat: „Tag für Tag lehrten sie unermüdlich im Tempel und in den Häusern und verkündeten das Evangelium von Jesus, dem Christus" (Apg 5,42).

Diese ersten Überlegungen zeigen, dass Evangelisierung darin besteht, frohe Kunde – eben *das Evangelium* – zu bringen. Hinzu kommt das in den heiligen Texten festverwurzelte Bewusstsein, dass das Evangelium, das Jesus verkündet, keine neue Lehre, sondern er selber ist. Inhalt seiner Freudenbotschaft ist er selbst, der das Geheimnis der Liebe des Vaters offenbart. In seiner Person erfüllt sich alles und beginnt eine neue Phase im Leben der Menschen und in der Geschichte. Die Zeit ist erfüllt: In der Person Jesu legt Gott alles offen, was grundlegend und wesentlich ist, um ihn zu erkennen. Jetzt braucht es Glauben, um ihm in Liebe antworten zu können. Wird nämlich das Evangelium erst einmal verkündigt, muss es auch gehört werden; in dieser Hinsicht ist die Lehre des Apostels Paulus sehr eindringlich: „Doch müsst ihr unerschütterlich und unbeugsam am Glauben festhalten und dürft euch nicht von der Hoffnung abbringen lassen, die euch das Evangelium schenkt" (Kol 1,23). Das Evangelium aber bezeugt nicht nur historische Fakten wie die Lehre, den Tod und die Auferstehung Jesu, des Herrn, als Ereignis des Heils für alle, die an ihn glauben. Es ist zudem als lebendiges Wort Gottes selbst ein Ereignis, das die Menschen herausfordert, in ihr Leben eindringt, sie zur Umkehr ruft und eine Gemeinschaft des Glaubens, der Hoffnung und der Liebe schafft. Kurz, es ist kein bloßes Wort, sondern eine schöpferische Kraft, die wirkt, was sie ausdrückt; daran erinnert uns wieder der heilige Paulus: „Denn wir haben euch das Evangelium nicht nur mit Worten verkündet, sondern auch mit Macht und mit dem Heiligen Geist und mit voller Gewissheit" (1 Thess 1,5). Wer das Evangelium empfängt, wird selbst zum Missionar, damit die Freude, die ihm zuteil geworden ist und sein Leben verändert hat, auch den anderen helfen möge, zu jener Quelle der Liebe und des Heils zu finden.[1]

Die Entwicklung

Obwohl das Verb „evangelisieren" und das Nomen „Evangelium" in den heiligen Texten und somit auch in unserem Sprachgebrauch recht häufig vorkommen, ist der Begriff der „Evangelisierung" eine eher späte Wortprägung. Erasmus von Rotterdam war höchstwahrscheinlich der erste, der die Ableitung „evangelisch" einführte, um jenes Phänomen zu bezeichnen, das er für eine Form des lutherischen Fanatismus hielt. Luther gründete seine Lehre bekanntlich auf das Evangelium als Botschaft der Vergebung und des Heils durch den Glauben an Christus. Das Konzil von Trient sah sich zum Einschreiten gezwungen, um die umfassendere Sicht des katholischen Glaubens zu bekräftigen. So gewannen die Missverständnisse die Oberhand, und seit dem Konzil von Trient hielt sich die katholische Welt mit der Verwendung des Verbs „evangelisieren" zurück, weil sie es für allzu protestantisch hielt. Deshalb sprach man lieber von „Mission". Erst im 18. Jahrhundert begannen einige Protestanten die Notwendigkeit des missionarischen Wirkens zu erkennen, das in den Anfängen der Reformation vernachlässigt worden war, und griffen in ebendiesem Kontext auf den Begriff der „Evangelisierung" zurück, was den Katholiken natürlich einen weiteren Vorwand lieferte, den Ausdruck nicht zu benutzen.

Schließlich begann man insbesondere unter dem Einfluss der katechetischen Erneuerung der 1950er Jahre auch bei uns von „Evangelisierung" zu sprechen, um diese von der Katechese und den anderen Formen der pastoralen Arbeit zu unterscheiden. Unter Evangelisierung verstand man nun die Erstverkündigung des Evangeliums durch die Kirche, während man die systematische Ausbildung der bereits evangelisierten Gläubigen als Katechese bezeichnete. Da die Sprache zuweilen dem Präzisierungsbedürfnis der Fachleute folgt, wurden weitere Ausdrücke eingeführt, so etwa der Begriff der „Prä-Evangelisierung", mit dem die Vorbereitung der Nichtchristen auf die explizite Verkündigung des Evangeliums gemeint ist. Zwar können solche sprachlichen Feinheiten durchaus nützlich sein, wenn es darum geht, gewisse Gegebenheiten genauer zu beschreiben, doch zuweilen trüben sie die Sicht auf das Ganze.

Ein letzter rascher Blick auf die Entwicklung der terminologischen Gepflogenheiten enthüllt eine interessante Tatsache. In den Dokumenten des I. Vatikanischen Konzils (1869–1870) kommt der Begriff „Evangelium" ein einziges Mal vor; das Verb „evangelisieren" und das Nomen „Evangelisierung" erscheinen gar nicht. In den Dokumenten des II. Vatikanums dagegen wird das Wort „Evangelium" ganze 157mal, „evangelisieren" 18mal und „Evangelisierung" 31mal verwendet.[2] Wie man sieht, hat sich der Ausdruck immer mehr durchgesetzt, bis er schließlich Allgemeingut geworden ist. Der Sprachgebrauch aber ist immer auch ein Hinweis auf die zugrundeliegende Kultur, und diese veranlasst uns dazu, die Verkündigungstätigkeit der Kirche in der gegenwärtigen Welt als eine Priorität zu betrachten.

Die Entstehung

An dieser Stelle könnte es nützlich sein, nach der Entstehung des Begriffs der „Neuevangelisierung" und nach der Bedeutung zu fragen, die er im Lauf der letzten Jahrzehnte angenommen hat. Zum ersten Mal erscheint das Wort beinahe beiläufig im Dokument von Puebla aus dem

Jahr 1979. Nachdem die Versammlung, zu der alle lateinamerikanischen Bischöfe sich in der mexikanischen Stadt eingefunden hatten, ihre Arbeit beendet hatte, verfasste man ein Schlussdokument, in dem es heißt: „Neue Notsituation, als Folge von sozio-kulturellen Veränderungen, die eine neue Evangelisierung erfordern, gibt es bei den Auswanderern; in den großen städtischen Zusammenballungen im eigenen Land; bei der Masse aller sozialen Schichten, die in einer schwierigen Glaubenssituation stehen; bei Gruppen, die dem Einfluss von Sekten und Ideologien ausgesetzt sind, welche ihre Identität nicht respektieren, Verwirrung stiften und Spaltungen hervorrufen."

Einige Monate später verwendete auch Johannes Paul II. diesen Ausdruck zum ersten Mal während seines Besuchs beim Gnadenbild von Mogila in Nowa Huta. Es war der 9. Juni 1979. Karol Wojtyła kehrte als Papst in seine Heimat Polen zurück. Nowa Huta war ein Projekt der Kommunisten gewesen: Gleich vor den Toren Krakaus hatten sie ein ganzes Stadtviertel aus dem Boden gestampft, das als Prototyp der kommunistischen Stadt die Kraft der atheistischen Ideologie versinnbildlichen sollte. Das Viertel war um ein großes Stahlwerk herum angelegt, fünfmal größer als die komplette Altstadt von Krakau, mit breiten Alleen, Grünflächen und Wohnungen für die mindestens 40.000 Arbeiter, die die Fabrik beschäftigte. Platz für eine Kirche hatten die kommunistischen Behörden natürlich nicht vorgesehen. Der damalige Erzbischof von Krakau, Karol Wojtyła, hatte sich davon nicht beeindrucken lassen. Am Heiligen Abend des Jahres 1973 begab er sich in der für diese Gegend typischen eisigen Winterkälte nach Nowa Huta, um unter freiem Himmel die Messe zu feiern. Der Zustrom der Massen war so gewaltig, dass die Zivil- und Militärbehörden davon absehen mussten, die Feier, wie eigentlich geplant, zu verhindern. Nun, da er als Papst nach Nowa Huta zurückkehrte, erinnerte sich Johannes Paul II. an die damaligen Ereignisse und daran, wie er selbst dazu beigetragen hatte, der atheistischen und säkularistischen Staatsmacht ein lebendiges Glaubenszeugnis vor Augen zu führen.

In der Predigt, die er zu diesem Anlass hielt, sagte er: „Dort, wo das Kreuz aufragt, erhebt sich das Zeichen, dass nunmehr die Gute Nachricht von der Erlösung des Menschen durch die Liebe angekommen ist. Dort, wo das Kreuz aufragt, ist dies ein Zeichen dafür, dass die Evangelisierung begonnen hat. Einst errichteten unsere Väter an verschiedenen Orten des polnischen Landes das Kreuz zum Zeichen, dass dort das Evangelium angekommen war, dass die Evangelisierung begonnen hatte, die ununterbrochen bis heute fortdauern sollte. Aus diesem Gedanken heraus ist auch das erste Kreuz in Mogila bei Stara Huta unweit von Krakau errichtet worden. Das neue Kreuz aus Holz ist nicht weit von hier errichtet worden, und zwar aus Anlass der Millenniumsfeierlichkeiten. Damit haben wir ein Zeichen empfangen, dass an der Schwelle des neuen Jahrtausends – in diesen neuen Zeiten, in diesen neuen Lebensverhältnissen – das Evangelium von neuem verkündigt werden wird. Eine neue Evangelisierung hat begonnen, als handele es sich um eine zweite Verkündigung, auch wenn es in Wirklichkeit immer dieselbe ist. Das Kreuz ragt hoch auf über der Welt, die sich wandelt."

Neuevangelisierung oder Wiederevangelisierung?

Von diesem Tag an hat Johannes Paul II. diesen Begriff 27 Jahre lang und in teilweise recht unterschiedlichen

Kontexten verwendet. Wir können hier nicht auf all diese Gelegenheiten eingehen. Der Päpstliche Rat, dessen Präsident ich bin, wird in Kürze einen Band herausgeben, der die vielfältigen Kontexte und Nuancen, in denen der Papst dieses Wort gebraucht hat, deutlich herausarbeitet. Dennoch lohnt sich der Versuch, wenigstens zwei Texte von Johannes Paul II. zu erläutern, die einander auf den ersten Blick zu widersprechen scheinen.

1983 sprach er auf Haiti zu den Bischöfen der lateinamerikanischen Bischofskonferenz darüber, wie wichtig es sei, diese Länder zu evangelisieren, und sagte: „Wenn wir heute einen Blick auf die Landkarte Lateinamerikas werfen mit seinen über 700 Diözesen, seinen zahlenmäßig unzureichenden, aber einsatzfreudigen Mitarbeitern, seiner Organisation und seinen Strukturen, seinem Aktionsrahmen, der moralischen Autorität, die die Kirche genießt, so müssen wir darin das Ergebnis von Jahrhunderten geduldiger und ausdauernder Evangelisierung erkennen. Fast genau fünf Jahrhunderte sind es. In der Tat wird das Jahr 1992, das nicht mehr allzufern ist, das fünfhundertjährige Jubiläum der Entdeckung Amerikas und des Beginns der Evangelisierung bringen. Als Lateinamerikaner werdet ihr dieses Datum mit einer ernsten Überlegung zur historischen Entwicklung des Subkontinents begehen, aber auch mit Freude und Stolz. Als Christen und Katholiken werdet ihr gerechterweise aus diesem Anlass zurückblicken auf diese fünfhundert Jahre harter Arbeit, um das Evangelium zu verkünden und die Kirche in diesen Ländern aufzubauen. Ein Rückblick zugleich voller Dankbarkeit gegenüber Gott für die christliche und katholische Berufung Lateinamerikas und gegenüber all denen, die lebendige und aktive Werkzeuge der Evangelisierung waren. Ein Blick voller Treue gegenüber eurer Glaubensvergangenheit. Ein Blick auf die Herausforderungen der Gegenwart und auf die Bemühungen, die unternommen werden. Ein Blick schließlich auf die Zukunft, um zu sehen, wie das begonnene Werk zu konsolidieren ist." Das Gedenken des halben Jahrtausends Evangelisierung wird seine volle Bedeutung dann erhalten, wenn ihr als Bischöfe, zusammen mit euren Priestern und Gläubigen, daraus eine Aufgabe macht; eine Aufgabe nicht der Re-Evangelisierung, sondern der Neu-Evangelisierung. Neu in ihrem Eifer, in ihren Methoden und in ihrer Ausdrucksweise. Erlaubt mir in diesem Zusammenhang, dass ich euch, in kurzen Worten zusammengefasst, die Gesichtspunkte nenne, die nach meiner Ansicht grundlegende Voraussetzungen für eine Neu-Evangelisierung sind."[3]

Der Papst scheint im allgemeinen Kontext des fünfhundertjährigen Gedenkens der Erstevangelisierung darauf hinweisen zu wollen, dass die Kirche sich der Notwendigkeit einer erneuerten missionarischen Begeisterung bewusst werden müsse und nicht länger in der Vergangenheit verharren dürfe. Diese Interpretation wird durch den Dreiklang aus „Eifer", „Methoden" und „Ausdrucksweise" gestützt: Die Gläubigen sollen sich der einzigartigen Aufgabe der Evangelisierung auf neue Weise stellen. Man könnte sagen, dass der Papst die Kirche Lateinamerikas aufrüttelt, damit sie in einem veränderten sozialen Kontext neue Ausdrucksformen der Verkündigung hervorzubringen und sich somit selbst zu erneuern vermag.

Der zweite Text findet sich in der Enzyklika *Redemptoris missio* (1990), wo es heißt: „Die Unterschiede in der Tätigkeit im Rahmen der einen Mission der Kirche ergeben sich nicht aus Gründen, die in der Sache selbst, also in der Sendung liegen, sondern aus den unterschiedlichen Umständen, in denen die Mission sich entfaltet. Wenn man die heutige Welt unter dem Gesichtspunkt der Evangelisierung betrachtet, kann man drei Situationen unterscheiden. Zunächst jene Situation, an die sich die Missionstätigkeit der Kirche wendet: an Völker, Menschengruppen, soziokulturelle Zusammenhänge, in denen Christus und sein Evangelium nicht bekannt sind oder in denen es an genügend reifen christlichen Gemeinden fehlt, um den Glauben in ihrer eigenen Umgebung Fuß fassen zu lassen und anderen Menschengruppen verkündigen zu können. Das ist die eigentliche Mission *ad gentes*. Sodann gibt es christliche Gemeinden, die angemessene und solide kirchliche Strukturen besitzen, die eifrig sind im Glauben und im Leben, die mit ihrem Zeugnis vom Evangelium in ihre Umgebung ausstrahlen und die Verantwortung für die Weltmission spüren. In ihnen entfaltet sich die Seelsorgstätigkeit der Kirche. Schließlich gibt es eine Situation dazwischen, vor allem in Ländern mit alter christlicher Tradition, aber manchmal auch in jüngeren Kirchen, wo ganze Gruppen von Getauften den lebendigen Sinn des Glaubens verloren haben oder sich gar nicht mehr als Mitglieder der Kirche erkennen, da sie sich in ihrem Leben von Christus und vom Evangelium entfernt haben. In diesem Fall braucht es eine ‚neue Evangelisierung' oder eine ‚Wieder-Evangelisierung'" (33). Die bewusste Unterscheidung zwischen „neuer Evangelisierung" und „Re-Evangelisierung" in der Ansprache von Haiti setzt ein Fragezeichen hinter den synonymen Gebrauch der beiden Begriffe in der späteren Enzyklika. Ist, so fragen wir uns, Neuevangelisierung nun also doch dasselbe wie Wiederevangelisierung? Das Problem wurzelt in der Vorsilbe „wieder-", die, je nach Gebrauch, unterschiedliche Bedeutungen haben kann. So drückt beispielsweise das Verb „wiederaufführen" die Wiederholung einer Handlung aus, während das

Verb „wiedererstatten" darauf hinweist, dass etwas rückgängig gemacht wird; und schließlich gibt es auch Verben, die durch das Präfix eine ganz neue Bedeutung erlangen, wie es bei „wiederholen" der Fall ist. Was also soll Wieder-Evangelisierung in unserem Fall bedeuten? Die Wiederholung derselben Evangelisierung wie immer? Oder eine Rückevangelisierung, die eine vorherige Entwicklung umkehrt? Oder soll dem Begriff der Evangelisierung sogar ein ganz neuer Sinn beigegeben und die bisherige Evangelisierung damit abgewertet werden? Im Dschungel der möglichen Deutungen ist es meines Erachtens das Beste, wenn wir den Neologismus der „Wieder-Evangelisierung" vermeiden, um von der Neuevangelisierung im Sinne einer Form zu sprechen, durch die das immer gleiche Evangelium mit neuer Begeisterung, neuen, unter veränderten kulturellen Vorzeichen verständlichen Sprachen und neuen Methoden verkündet wird, die geeignet sind, den tiefen Sinn, der stets unverändert bleibt, zu vermitteln.

III Der Kontext

Der Säkularismus

Es ist auf den vorangegangenen Seiten schon wiederholt angeklungen, dass die Forderung der Neuevangelisierung durch den kulturellen und sozialen Kontext bedingt ist. Aus diesem Grund kommen wir nicht umhin, uns mit dem Thema der Inkulturation und der Wirksamkeit des Evangeliums zu befassen. Beide hängen davon ab, ob es der Botschaft gelingt, in die Kulturen einzudringen, sie mit einzubeziehen, sie zu formen und sie umzugestalten. In mancher Hinsicht war dies in der Vergangenheit einfacher – sowohl dort, wo die Kirche zum ersten Mal evangelisierte, als auch dort, wo sie auf Kollisionskurs zu den Ideologien ging. Die Bezugsgröße war leicht auszumachen und präsentierte sich in geschlossener Form.

Der heutige Kontext der Zersplitterung, die Pluralität der Positionen und vor allem die Auffächerung der Sprech- und Verhaltensweisen erfordern eine ganz andere Aufmerksamkeit und größere Anstrengung. Zudem stellt sich dort, wo von der Neuevangelisierung des Westens die Rede ist, ebendieser geographische Raum als eine Welt dar, die aufgrund der Vielfalt ihrer kulturellen Traditionen und der ihnen zugrundeliegenden Sprachen alles andere als leicht zu entschlüsseln ist. Man wird darauf achten müssen, dass die Analyse und die Entwürfe nicht durch eine europalastige Sicht der Wirklichkeit aus dem Gleichgewicht geraten. Deshalb ist es besser, Wege einzuschlagen, die den gemeinsamen Nenner erkennen lassen, statt dadurch Zeit zu vergeuden, dass man die Unterschiede übermäßig betont.

Ein erstes Thema, das sich am Horizont abzeichnet, ist die Problematik der Säkularisierung, die wir hier nur kurz anhand ihrer auffälligsten Merkmale skizzieren können. Ein halbes Jahrhundert ist vergangen, seit das „Manifest" der modernen Säkularisierung erschien: das Buch *Stadt ohne Gott*, in dem der US-amerikanische Professor und Baptistenpastor Harvey Cox Ansätze von Dietrich Bonhoeffer aufgriff und modifizierte. Fast unmittelbar darauf veröffentlichte der anglikanische Bischof von Woolwich, John A. T. Robinson, einen zweiten Text: *Gott ist anders*. Diese beiden Werke brachten dem breiten Publikum die grundlegenden Gedanken einer Bewegung nahe, die einen weiteren Horizont und sehr viel tiefere Wurzeln hatte, als an ihren direkten Einflüssen in der Theologie und auf kirchlicher Ebene zu erkennen ist. Kern des Programms war eine Formel, die ihren eher technischen Charakter nie ganz hat ablegen können: leben und die Welt gestalten, *etsi Deus non daretur*, als ob es Gott nicht gäbe. Diese Herausforderung fiel damals auf fruchtbaren Boden und wurde sofort mit solcher Begeisterung aufgenommen, dass wir uns heute fragen müssen, wo dabei der kritische Geist geblieben ist. Die Kirche hatte gerade ihr Zweites Vatikanisches Konzil beendet, am Horizont kündigten sich schon die ersten Anzeichen einer Krise an, die viele Gläubige erfassen sollte; und im Westen standen die großen Jugendproteste der 68er unmittelbar bevor. Mit einem Wort: viele glaubten, in den Ideen der Säkularisierung den entscheidenden Hebel gefunden zu haben, um der Welt eine eigenständige Motivation und der Kirche die Chance zu geben, die Einfachheit der Anfänge wiederzuentdecken. Doch es war nicht alles Gold, was glänzte.

Etiamsi daremus non esse Deum, also gewisse Prinzipien des Naturrechts gelten auch dann, wenn Gott nicht existieren würde. Man zerrte den Satz des Naturrechtlers Hugo Grotius (1583–1645) wieder ans Licht, doch bei genauerem Hinsehen wird deutlich, dass die Interpretationen über die Aussageabsicht des flämischen Philosophen hinausschossen. Für ihn nämlich ging es darum, die Grundlagen des Naturrechts aufzuzeigen, das seine Gültigkeit aus eigener Kraft so erfolgreich bewahrte, dass ihm auch die Spaltung unter den Christen nichts anhaben konnte. Nach und nach jedoch verwandelte sich die Säkularisierung – die anfangs einfach nur ein theoretisches Prinzip und in mancher Hinsicht durchaus positiv gewesen war, weil sie auf einen reifen und verantwortungsvollen Glauben abzielte – in Säkularismus. Dieser sickerte in die Institutionen ein, bis er schließlich so massiv in die Kultur und Verhaltensweise unserer Zeit einbrach, dass seine objektiven Grenzen nicht mehr zu erkennen sind. Wie jedes Phänomen ist jedoch auch die Säkularisierung nicht gegen die Doppelgesichtigkeit und die Vielfalt der möglichen Deutungen gefeit. Welche Rolle Dietrich Bonhoeffer tatsächlich in dieser Bewegung gespielt hat, ist heute schwierig auszumachen; und noch weitaus komplexer wäre es, herausfinden zu wollen, was er mit seinem Manifest in den *Briefen* tatsächlich gemeint hat: „Und wir können nicht redlich sein, ohne zu erkennen, dass wir in der Welt leben müssen – *etsi Deus non daretur*. Und eben dies erkennen wir – vor Gott! Gott selbst zwingt uns zu dieser Erkenntnis. So führt uns unser Mündigwerden zu einer wahrhaftigen Erkenntnis unserer Lage vor Gott. Gott gibt uns zu wissen, dass wir leben müssen, als solche, die mit dem Leben ohne Gott fertigwerden. Der Gott, der mit uns ist, ist der Gott, der uns verlässt (Mk 15,34)! Der Gott, der uns in der Welt leben lässt ohne die Arbeitshypothese Gott, ist der Gott, vor dem wir dauernd stehen."[1]

Angesichts gedanklicher Strömungen, die sich auf derart allgemeine und nicht selten utopische Vorstellungen stützen, lassen die Missverständnisse und Extremismen nicht lange auf sich warten; die Säkularisierung also verkam, wie schon gesagt, zum Säkularismus, dessen negative Folgen vor allem die Auffassung von der persönlichen Existenz betreffen. Säkularismus nämlich bedeutet Loslösung von der christlichen Religion; diese hat keine Stimme und darf keine Stimme haben, wenn vom privaten, öffentlichen oder gesellschaftlichen Leben die Rede ist. Die persönliche Existenz wird ohne jeden religiösen Bezug konstruiert und das Religiöse in einen rein privaten Bereich verbannt, wo es die zwischenmenschlichen Beziehungen des sozialen und zivilen Lebens nicht beeinflussen kann. Überdies ist die Kompetenz der Religion auch noch in diesem privaten Rahmen genau begrenzt, denn auch dort ist sie nur eines von vielen und zudem ein recht randständiges Kriterium des ethischen Urteilens und Verhaltens.

Wer angesichts dieser Sachlage noch behaupten will, der Säkularismus sei ein in religiöser Hinsicht neutrales Phänomen, der verschließt die Augen vor sämtlichen Konsequenzen dieser Denkweise, die in den letzten Jahrzehnten zutage getreten sind. Was auch immer man von der Autonomie des Menschen halten mag: losgelöst von ihrer ursprünglichen Verbindung zum Schöpfer ist sie schlichtweg nicht denkbar. Die Nabelschnur zu durchtrennen ist nicht dasselbe wie den Erzeuger zu verleugnen. Die Autonomie des Geschöpfs muss sich auf die Erfahrung des Beschenkt-Seins gründen, ohne die ein in sich stimmiges Verständnis der personalen Identität nicht möglich ist. Den gesamten Prozess der Säkularisierung auf eine Kritik am religiösen Fanatismus oder an der Intoleranz zu reduzieren bedeutet, den globalen Charakter der Bewegung und die vielen verschiedenen Formen zu verkennen, in denen sie sich präsentiert hat. Nun, da die ansteckende Begeisterung der 1960er Jahre verflogen ist, muss man zu dem Schluss kommen, dass der Prozess der Säkularisierung und der Säkularismus Gott vorschnell zu einer bloßen Ersatzfunktion für das menschliche Leben degradiert haben. In unserem heutigen Kontext jedenfalls, da eine Kultur des Todes das Leben selbst zu überlagern droht, ist der Säkularismus den Beweis für seine Hauptthese – dass die Welt „erwachsen" geworden sei und Gott nicht mehr brauche – bisher schuldig geblieben. Das erste Projekt, das einem bei dem Stichwort Säkularismus vielleicht in den Sinn kommt, ist der krampfhafte Versuch, zur vollen Autonomie zu gelangen. Unsere heutige Zeit ist zutiefst von der Eifersucht geprägt, mit der der einzelne auf seine Unabhängigkeit und sein eigenverantwortliches Leben bedacht ist. Ohne Beziehung zur Transzendenz reagiert sie allergisch auf jeden spekulativen Gedanken und beschränkt sich auf den bloßen historischen Augenblick, den zeitlichen Moment, weil sie der Täuschung aufsitzt, wahr sei nur, was wissenschaftlich überprüfbar ist. Sie hat den Bezug zum Transzendenten verloren, sich jeglicher spirituellen Betrachtung verweigert und sich in eine Art pragmatischen Empirismus gestürzt, der sie die Fakten verehren und die Ideen verachten lässt. Widerstandslos wechselt sie rasch ihre Denk- und Lebensweise und entwickelt sich zu einem zunehmend kinetischen, das heißt experimentierfreudigen Subjekt; begierig darauf, überall mitzuspielen – auch dort, wo das Spiel eigentlich zu groß für sie ist –, verfällt sie in einen nicht einmal mehr verhüllten Narzissmus, der sie über den eigentlichen Sinn des Lebens hinwegtäuscht. Kurz, der Prozess des Säkularismus hat eine Explosion von Forderungen nach individuellen Freiheiten ausgelöst, die das Sexualleben, die zwischenmenschlichen und persönlichen Beziehungen, die Freizeitaktivitäten und auch die Welt der Arbeit tangieren.

Dies wirkt sich auch in fataler Weise auf die Bereiche der Erziehung und der Kommunikation aus und ruft Veränderungen hervor, die das Leben insgesamt betreffen. Alle sozialen Forderungen werden immer im Namen der Gerechtigkeit und Gleichheit erhoben und sind doch, so paradox dies auch scheinen mag, immer von dem Wunsch beseelt, auf individueller Ebene größere Freiheiten zu erlangen. Soziale Ungerechtigkeiten und Ungleichheiten werden viel leichter toleriert und ertragen als Einschränkungen, die die Privatsphäre betreffen. Alles in allem ist eine vollkommen neue Situation entstanden, in der die alten und insbesondere die christlich geprägten Werte verdrängt werden sollen. In einem solchen Kontext, in dem der Mensch den zentralen Platz besetzt und zum Gravitationszentrum jeder Daseinsform wird, ist Gott eine überflüssige Hypothese und ein Konkurrent, den es nicht nur zu meiden, sondern zu eliminieren gilt. Dass diese Entwicklung so verhältnismäßig leicht vonstatten ging, ist nicht zuletzt einer schwachen Theologie und einer Religiosität geschuldet, die vor allem auf Gefühlen basiert und nicht mehr in der Lage ist, den weiten Horizont des Glaubens aufzuzeigen.

In diesem Kontext verliert Gott seinen zentralen Platz – mit der Folge, dass auch der Mensch nicht mehr weiß, wohin er gehört. Er hat den Sinn des Lebens aus den Augen verloren und ist nicht mehr imstande, sich zu verorten, das heißt im Inneren des Geschaffenen und der Gesellschaft seinen Platz zu finden. Er erliegt sozusagen der prometheischen Versuchung und betrügt sich selbst, wenn er glaubt, er könne zum Herrn über Leben und Tod werden, nur weil er über Zeitpunkt, Ort und Art und Weise entscheidet. Eine Kultur, die darauf ausgerichtet ist, den perfekten Körper anzubeten und zwischenmenschliche Beziehungen auf die Kriterien von Schönheit und physischer Vollkommenheit zu stützen, wird das Wesentliche früher oder später aus den Augen verlieren. Auf diese Weise verfällt man in eine Art beständigen Narzissmus, der es unmöglich macht, das Leben auf bleibende und tragfähige Werte zu gründen, und uns statt dessen an das Schnelllebige und Vergängliche fesselt. Hier liegt die große Herausforderung der Zukunft. Wer die Freiheit will, so zu leben, als ob es Gott nicht gäbe, der mag das tun, aber er muss wissen, was ihm bevorsteht. Er muss wissen, dass diese Entscheidung ihm weder Freiheit noch Unabhängigkeit bringt.

Das Freiheitsbedürfnis des Menschen wird nicht einfach dadurch gestillt, dass man ihn über sein eigenes Leben verfügen lässt. Und Autonomie besteht auch nicht darin, die in unserem Innersten verwurzelte Gottessehnsucht zum Schweigen zu bringen. Das Rätsel der persönlichen Existenz lösen wir nicht, indem wir uns dem Mysterium verweigern, sondern nur, indem wir darin eintauchen. Das ist der Weg, den wir zurücklegen müssen; jede vermeintliche Abkürzung droht uns in ein undurchdringliches Labyrinth zu führen, aus dem wir nicht mehr herausfinden werden, weil wir unser Ziel aus den Augen verlieren.

Auch wenn wir der gegenwärtigen Dauerkrise, in der sich unsere Welt befindet, nicht tiefer auf den Grund gehen können, müssen wir eines betonen: diese Krise ist nicht in erster Linie wirtschaftlicher oder finanzieller Natur. Wenn dem so wäre, könnten wir gelassen in die

Zukunft blicken, denn dann wären die Lösungen im wesentlichen technischer Art und rasch gefunden. Die aktuelle Krise ist vor allem eine kulturelle und, so müssten wir ohne nähere Erläuterung hinzufügen, eine anthropologische.[2] Der Mensch befindet sich in einer Krise. Er findet sich selbst nicht wieder, weil er sich von Schmeicheleien hat einwickeln lassen, die ihn glauben ließen, er sei erwachsen geworden, gänzlich Herr seiner selbst und keiner Autorität mehr Rechenschaft schuldig. Tatsächlich ein verführerischer Sirenengesang: dem Menschen, der, über Jahrzehnte hinweg von der Anspruchshaltung eines verblendeten Narzissmus getragen, immer mehr ins Zentrum aller Dinge rückte – und, weil jeglicher Basis beraubt, die Wahrheit dennoch nie erreichen konnte –, fehlte zur völligen Autonomie nur noch ein letzter Mosaikstein: die Entfernung von Gott.

Ein orientierungsloser Mensch

Der Säkularismus verfocht also die These, man solle in der Welt leben, *etsi Deus non daretur,* als ob es Gott nicht gäbe. Doch seit er sich Gott wegdenkt, verliert der zeitgenössische Mensch auch sich selbst. Der Drang, das Antlitz Gottes zu suchen, der von jeher die tiefste Sehnsucht des menschlichen Herzens ausmacht, ist von Tag zu Tag matter und die Entfernung von Gott immer augenfälliger geworden. Das einzige Antlitz, das man noch sucht, ist das im Spiegel, das eigene. Wenig genug. Zu wenig, um sich als erwachsen, autonom und unabhängig bezeichnen zu können. Das eigene Gesicht im Spiegel zu betrachten, mag den Narzissmus befriedigen, der immer mehr zum vorherrschenden Charakterzug unserer Epoche wird,[3] doch am Ende stellt man doch nur fest, dass in diesen wenigen Quadratzentimetern vor allem die Traurigkeit überwiegt und das Drama des Lebens sich nur um so stärker in den Vordergrund drängt. Ja, das Drama des Lebens, denn genau darum geht es. Der alleingelassene Mensch stirbt vor der Zeit. Wenn er seine Relationalität, seine Bezogenheit auf andere Menschen verliert, hört er auf, *Person* zu sein, und ist nur mehr ein Individuum, eine Monade, die nicht überlebensfähig ist, weil sie nicht lieben kann und nur die Liebe Leben zeugt. Dann gewinnt die Einsamkeit die Oberhand. So schließt sich der Kreis – traurig, aber unausweichlich.

Wenn Gott in den dunkelsten und entlegensten Winkel des Lebens verbannt wird, verliert der Mensch sich selbst, weil die Beziehung zu sich selbst und ebenso zu den anderen Menschen ihren Sinn verliert. Deshalb ist es notwendig, den Menschen von heute Gott zurückzubringen. Wenn man das nicht ohnehin schon aus religiösen Gründen tun will, dann sollte man es wenigstens tun, um dem zunehmend unter Beklemmung, Verwirrung und Depression leidenden Menschen die Luft zum Atmen zurückzugeben. Wenn der heutige Mensch vor der Krankheit, die sein Leben zu befallen droht, fliehen und den zentralen Platz wiederfinden will, der ihm zusteht, muss er das Antlitz Gottes suchen, das für uns im Antlitz seines menschgewordenen Sohnes sichtbar geworden ist: Jesus von Nazareth, in dem uns die Gesichtszüge Gottes ein für allemal geoffenbart worden sind. Dem Antlitz dieses Menschen ist das Antlitz Gottes aufgeprägt (vgl. Kol 1,15). Nur dort ist es zu finden; wer Gott sucht, kommt nicht umhin, den Blick auf das Antlitz Jesu zu richten. Man kehrt gewissermaßen nach Nazareth zurück, in jene Synagoge, die er wie üblich am Sabbat besuchte, um aus den Büchern der Propheten zu lesen. Dort lieh er nicht nur den alten Worten seine Stimme, sondern verkündete zugleich auch deren Erfüllung in seiner eigenen Person. „Die Augen aller in der Synagoge waren auf ihn gerichtet" (Lk 4,20). Mit diesem Satz veranschaulicht der Evangelist die tiefere Wahrheit. Und wir müssen uns diesen Satz vermutlich zu eigen machen, wenn wir die Neuevangelisierung vollbringen wollen. In der Synagoge offenbart Jesus sich als der Freudenbote, der das Heil bringt; deswegen müssen wir den Blick fest auf ihn gerichtet halten.

Die Krise des Abendlandes

Zwar ist das Christentum nicht in Europa, ganz sicher aber ist Europa aus dem Christentum entstanden. Diese einfache Aussage hätte eigentlich eine ausführlichere Erläuterung verdient. Doch auch so wird die historische Wahrheit, die in dieser These enthalten ist, wohl niemandem entgehen. Zwar wird das Christentum immer mit jenem Land verbunden bleiben, das zu Recht „heilig" genannt wird, weil sich in ihm der Höhepunkt eines jeden religiösen Phänomens vollzogen hat: die Menschwerdung des Gottessohns. In ihm erfüllt und vervollständigt sich die Offenbarung Gottes an die Menschheit. Beginnend bei Abraham, dem Vater aller, die an den einen Gott glauben, hat sich die Geschichte in jenem Land im Licht der „Verheißung" und des „Bundes" entfaltet, die Ausdruck der ständigen Sorge Gottes für sein Volk sind. Wie der Apostel schreibt: „Als aber die Zeit erfüllt war, sandte Gott seinen Sohn, geboren von einer Frau und dem Gesetz unterstellt, damit er die freikaufe, die unter dem Gesetz stehen" (Gal 4,4–5). Mit diesem Ereignis wird dem

Menschen eine neue Verkündigung geschenkt; wieder ist es Paulus, der sie für uns zusammenfasst: „Es gibt nicht mehr Juden und Griechen, nicht Sklaven und Freie, nicht Mann und Frau; denn ihr alle seid ‚einer' in Christus Jesus" (Gal 3,28). Mit anderen Worten: Welt- und Menschenbild verändern sich. Der Glaube an Jesus Christus reißt alle Grenzen nieder, weil er den Menschen in seinem Innersten berührt. Auf sein Geheiß hin verlassen seine Jünger jene Region und schwärmen aus, um allen Ländern die Kunde von seinem Tod und seiner Auferstehung zu bringen als Keim des Heils für alle, die an ihn glauben. Das ist die historische Ausgangssituation.

Ebenso historisch ist aber auch die Tatsache, dass das Christentum sich in jener Gegend und in jener Gedankenwelt entwickelt und konzeptionell verfestigt hat, die wir heute als europäisch bezeichnen. Vor allem Paulus hat diese Regionen durchreist und das Evangelium verkündet. Seine Reisen nach Athen, Korinth, Thessaloniki, Galatien, Malta, Zypern, Rom und Spanien bezeugen die erste christliche Präsenz auf unserem Kontinent. Bei den Philosophen des antiken Griechenland fanden die ersten christlichen Denker die notwendige Unterstützung, um das Geheimnis des Glaubens zu erklären, und mit jenen Kategorien und Begriffen formten sie die Wahrheit des Evangeliums. Später vollbrachte dann Leo der Große mit seiner Genialität und der Fähigkeit, den neuen, sogenannten „barbarischen" Bevölkerungsgruppen den Reichtum der römischen Tradition nahezubringen und sie – eine eigentlich undenkbare Synthese – in diese lebendige Kultur zu integrieren, ein Werk von größter kultureller und politischer Bedeutung. Vergleichbares leistete in den darauffolgenden Jahrhunderten Gregor der Große, auf dessen Geheiß hin die Benediktinermönche das Evangelium bis in den Norden Europas trugen. Ähnliches gelang den Mönchen Kyrill und Methodius, die Papst Johannes VIII. im Jahr 880 als Missionare in die östlichen Länder entsandte; sie entfalteten eine schier unglaubliche kulturelle Tätigkeit und erfanden sogar das Alphabet, das dort bis heute in Gebrauch ist. Wenn wir zu alledem noch die mitreißende Kraft der Millionen von Pilgern hinzuzählen, die von einem Land ins andere zogen und damit die Voraussetzungen für den Austausch verschiedener Kulturen, Traditionen und Techniken schufen, dann wird deutlich, was wir aus der Geschichte so vieler Jahrhunderte lernen können: das Christentum hat Europa geformt und ihm als ein im Licht des Glaubens verwandeltes Erbe der griechisch-römischen Kultur das Gefühl der *Universalität* eingegossen. Es ist kein Zufall, dass einer der letzten Dichter des römischen Imperiums, Rutilius Namatianus, unter dem Einfluss des mächtig vorandrängende Christentums schreiben konnte: *Völker in Menge umschlangst du mit einem Bande der Heimat*. Nicht mehr das Pantheon mit den Göttern der von Rom unterworfenen Nationen war nun Zeichen des Friedens für die verschiedenen Völker. Was sich jetzt im Aufbau befand und zur tragenden Säule und Garantie des Zusammenlebens für die Einheit der Völker wurde, war das vom Christentum verfochtene Konzept der Gleichheit. Von allem Anfang an waren wir Christen davon überzeugt und sind dafür eingetreten, dass alle Anteil an derselben Menschennatur, alle in Gott einen und denselben Vater, der sie unterschiedslos liebt, und alle in Jesus Christus einen und denselben Erlöser haben. Die Stadt der Menschen wurde auf den Fundamenten der Stadt Gottes errichtet.

Eine entscheidende Rolle spielte hierbei die typisch christliche Kombination aus den beiden Prinzipien der Wahrheit und der Freiheit. „Die Wahrheit wird euch befreien" (Joh 8,32) – dieser Satz wird über Jahrhunderte hinweg der Inbegriff einer unverkennbar und unverwechselbar christlichen Eigenart bleiben. Man mag diese Fundamente und die Entwicklungen im Lauf der Jahrhunderte, die die Auflösung des römischen Imperiums und den allmählichen Übergang ins Mittelalter und später dann auch in die Neuzeit kennzeichnen, anders interpretieren – aber leugnen kann man sie nicht. Diese Wahrheit zu unterstreichen erfüllt uns nicht mit Stolz, auch wenn wir vielleicht Grund dazu hätten, sondern fordert uns dazu heraus, auch weiterhin Verantwortung zu übernehmen: vor allem jetzt, in den Zeiten der Krise.

Und so kehren wir in unsere Zeit zurück, in der das Wort „Krise" inzwischen zu den häufigsten Vokabeln des Alltagslebens zu gehören scheint. Wir stehen dieser Situation oft hilflos gegenüber oder sind nicht in der Lage, den besten Ausweg zu finden. Die Krise ist jedoch nie ein ausschließlich negatives Ereignis; sie enthält Elemente, die uns zu einer Stellungnahme, zu einem Urteil über das herausfordern, was wir erleben, und sie zwingt uns, die geeignetsten Mittel zu finden, um sie zu überwinden. Man kann auch in Krisenzeiten positiv denken – vorausgesetzt, der Blickwinkel unseres Denkens und das daraus erwachsende Engagement führen dazu, die verschiedenen beteiligten Kräfte auf den Prüfstand zu stellen und herauszufinden, was sie wirklich zum Fortschritt beitragen. Vor diesem Hintergrund sei daran erinnert, dass jede Zivilisation auf Prinzipien beruht, die ihre Entwicklung, ihr Fortleben oder ihre Zerstörung bedingen und bestimmen. Insbesondere drei davon sind allgemein anerkannt: die *Kultur,* die *Religion* und das *Gesetz.* Es ist typisch für jede Gesellschaft, sich in einer *Kultur* und in den Aspekten wiederzuerkennen, die sie gegenüber anderen Kulturen charakterisieren; zur Kultur gehören die Sprache, die Traditionen, die Kunst in ihren verschiedenen Ausdrucksformen und alles, was das persönliche und gesellschaftliche Handeln ausmacht. Die *Religion* ihrerseits ist imstande, die grundlegende Frage des Menschen nach dem Sinn seines Lebens zu beantworten; das bedeutet, dass er Antwort erhält auf das Warum von Liebe und Schmerz, von Leiden und Tod, und Antwort auf den Zweifel, ob nach dem Tod noch etwas kommt ... Antwort, kurz gesagt, auf alles, was eingeschlossen ist in jenem Anspruch, dass der Mensch eben nicht nur das ist, was er isst. In ihm ist etwas, das über ihn selbst hinausgeht, ein „Unendliches", das er selbst in jedem Akt seiner persönlichen Existenz erfährt und das er nicht unterdrücken kann. Und schließlich ist da das *Gesetz,* jenes Gefüge aus Erlassen, die das gesellschaftliche Leben regeln und dem Menschen die Möglichkeit bieten, sich in ein System aus Denk- und Verhaltensweisen einzufügen, das für die Gerechtigkeit und die Unterscheidung von Gut und Böse einsteht. Gerade dieses zuletzt genannte Prinzip lässt uns erkennen, wie grundlegend die Beziehung zwischen den drei beschriebenen Elementen ist, damit nicht eines zum anderen in Widerspruch gerät und somit einen Kurzschluss auslöst, der ein ganzes Lebens- und Denksystem in die Krise zu stürzen vermag.

Was zur Zeit in der westlichen Welt geschieht, scheint mir – trotz aller Unterschiedlichkeit der jeweiligen Rechtssysteme – ein ebensolcher Kurzschluss zu sein, der den Austausch zwischen den drei beschriebenen Prinzipien verhindert und damit die beständige Krise auslöst, in der wir uns befinden. Auf diese Weise tritt eine paradoxe Situation zutage. Als Europa beispielsweise noch von gemeinsamen Werten lebte, besaß es eine starke Identität und war trotz aller Territorialgrenzen eine leicht erkennbare Größe. Gegenwärtig jedoch erleben wir – obwohl der Wegfall der Grenzen doch eigentlich den Einigungsprozess beschleunigen sollte – eine Vervielfältigung der Unterschiede und zunehmenden Extremismus: Die Zersplitterung ist so dominant, dass sie jede mögliche Einheit zerbröseln lässt. Aus *kultureller* Sicht scheinen mir einige Faktoren beachtenswert. Eine phänomenologische Herangehensweise würde sofort die schwerwiegenden Probleme ans Licht bringen, die daher rühren, dass Europa weder eine einheitliche Sprache noch eine einheitliche Gesetzgebung hat und es an der vollen Zustimmung verschiedener Länder mangelt. Man hat den Eindruck, dass in diesem Einigungsprozess schon alles von vorneherein von einer Elite festgelegt und entschieden ist, ohne dass die Bürger, die doch eigentlich die Hauptakteure sind, direkt beteiligt worden wären. Die Absicht, die christlichen Wurzeln aus der europäischen Verfassung herauszustreichen, war kein guter Anfang. Es kann verheerende Folgen haben, die Traditionen zu vergessen, in denen die Völker sich wiedererkennen, denn dahinter steht die Annahme, das Neue, das aufgebaut werden soll, müsse sich auf einen Bruch mit der Vergangenheit gründen. Dem ist nicht so, und der Fehler, den die Moderne begangen hat, als sie ebendiesen Weg einschlug, hätte wenigstens eine Warnung sein müssen. Man kann nicht erwarten, ein Zugehörigkeitsgefühl zu etwas Neuem zu schaffen, indem man die Identität, die die Völker sich im Lauf von Jahrhunderten geschaffen haben, zerschlägt. Die Vorstellung, dass eine gemeinsame Währung oder der Austausch von Erasmus-Studenten ein Gefühl der Zusammengehörigkeit erzeugen könnte, beruht auf einer oberflächlichen Herangehensweise. Solche Instrumente sind gut und nützlich, aber sie müssen von einem kulturellen Entwurf begründet, begleitet und getragen werden, der die Unterschiede respektiert und Synthesen für etwas Neues vorschlägt, das dennoch in den Ursprüngen wurzelt – denn sonst wird alles einförmig: die Sprache, die Kunst, die Architektur, die Literatur, die Politik, die Wirtschaft ... Dann ermüdet der Bürger, zieht sich ins Privatleben zurück und verliert seine Begeisterung.

Dieser Befund, so fürchte ich, hat auch damit zu tun, dass man ein vom Christentum unabhängiges und in manchen Fällen sogar ein dem Christentum feindliches Europa schaffen will. Das Christentum ist jedoch eine unverzichtbare Voraussetzung, um die Geschichte und die Gegenwart der betreffenden Länder zu verstehen. Neutralität gegenüber der Religion ist die schlechteste Wahl, die man treffen kann. Aus der Sicht des Abendlandes sind die Religionen nun einmal nicht alle gleich. Um uns herum herrscht keine dunkle Nacht, in der alle Katzen grau sind. Der Primat der Vernunft, der im Lauf der Jahrhunderte errungen worden ist, darf sich nicht gerade jetzt zu einem egalitaristischen Treibsand verflachen, der der kritischen Urteilskraft den Boden entzieht. Die Vernunft ist dazu berufen, zwischen den Religionen zu unterscheiden und die eigenen Ursprünge und den Beitrag des Christentums bewusst zu bejahen. Gleichgültigkeit, Agnostizismus und Atheismus lassen uns nicht nur nie zu einer Antwort auf die fundamentalen Fragen nach dem Sinn des Lebens gelangen, sondern hindern uns sogar daran, die wirkliche Einheit der Nationen im Blick zu behalten.

Man sollte also auf keinen Fall den Fehler wiederholen, das in der Entstehung begriffene Neue als einen Bruch mit der Vergangenheit zu konzipieren. So funktioniert Geschichte nicht. Eine bessere Gesellschaft gründet man nicht, indem man das Christentum an den Rand drängt und verteufelt. Das kann nicht gelingen. Eine antichristliche Lesart ist nicht nur kurzsichtig, sondern schon von ihren Voraussetzungen her falsch. Losgelöst vom Christentum ist eine reife Identität weder für die einzelnen noch für die Völker möglich. Natürlich besteht unsere Geschichte aus Licht und Schatten, aber die Botschaft, die wir bringen, ist die einer echten Befreiung für den Menschen und eines kontinuierlichen Fortschritts für die Völker.

Die Geschichte Europas beginnt außerdem ja nicht mit den Römischen Verträgen von 1959. Die gemeinsame Nutzung von Ressourcen wie Kohle und Stahl, die Euratom, der gemeinsame Markt, die Währungsunion sind nur Etappen in einem Prozess, der letztlich den tieferen Sinn und das Ziel erfassen soll, das es zu erreichen gilt: die wiederhergestellte Einheit von Völkern, die trotz aller Unterschiedlichkeiten ihrer Traditionen und eigenen Geschichten eine gemeinsame Basis besitzen, die sich auf das Christentum zurückführen lässt. Das Christentum war es, das den Kulturen Werte und Gestalt gegeben hat, indem es mühsam, aber erfolgreich eine Synthese zwischen dem im Licht der Heiligen Schrift neu gelesenen griechischen und römischen Gedankengut und den verschiedenen im Lauf der Jahrhunderte erworbenen kulturellen, wissenschaftlichen und technischen Errungenschaften schuf.

In den letzten Jahrzehnten haben diese Werte Rost angesetzt und drohen nun nicht wegen ihres Alters, sondern unter der Einwirkung kultureller und legislativer Phänomene, die das soziale Gefüge unterhöhlen, langsam und qualvoll zu korrodieren. Dass man vermeintlichen individuellen Rechten Tor und Tür aufgestoßen hat, hat weder den Zusammenhalt noch das Verantwortungsbewusstsein gestärkt. Zu beobachten ist vielmehr ein besorgniserregender Rückzug in einen ausweglosen Individualismus, in dem der einzelne und die Gesellschaft früher oder später erstikken werden. Zudem scheint das Abendland mit einer tiefen Angst zu leben. Bei Bevölkerungen, die nach der Barbarei der beiden Weltkriege eine lange Phase des Wiederaufbaus, des wachsenden Wohlstands und des Friedens erlebt haben, ist diese Angst beinahe schon angeboren; viele Gewissheiten geraten ins Wanken, weil sie vielleicht übereilt und ohne den nötigen Scharfblick erworben worden sind. Der familiäre Zusammenhalt, die Kindererziehung, die Sicherheit des Arbeitsplatzes, die Versorgung im Krankheitsfall, das Haus, die Rente …, kurz all das, was im allgemeinen als sozialer Fortschritt etikettiert wird, zerbröselt unter den Erschütterungen einer Krise, die nur für Ungewissheit und Zweifel und damit für Angst und Nöte Raum lässt.

Wie wir aus diesem Tunnel, der nicht nur wirtschaftlicher und finanzieller, sondern in erster Linie kultureller und insbesondere anthropologischer Natur ist, wieder herauskommen, ist unschwer zu erkennen, aber desto schwieriger zu realisieren.

Jenseits der Krise

Wir wollen hier keinerlei Erstlingsrechte auf die Errungenschaften der verschiedenen Jahrhunderte geltend machen, die nicht nur die Geschichte des Abendlands prägen. Wir wollen aber auch nicht, dass andere sich ihrer bemächtigen und sich sogar dazu versteigen, unsere Originalität und unseren Beitrag zu leugnen. Wenn wir an diese Tatsachen erinnern – und die Liste ließe sich beliebig verlängern –, dann nur, um zu unterstreichen, dass das Christentum dem Fortschritt der Gesellschaft nicht etwa im Wege steht, sondern sogar Voraussetzung für ihre echte Entwicklung ist.

Wie dies geschehen soll, wird klar, wenn wir uns ein weiteres Mal die Originalität unseres Glaubens ins Gedächtnis rufen. Die von allen so eifersüchtig gehütete Laizität ist nichts anderes als die Anwendung des Herrenworts „Gebt dem Kaiser, was dem Kaiser gehört, und Gott, was Gott gehört" (Mt 22,21). Laizität ist, wie sich in den vergangenen Jahren häufig gezeigt hat, nicht etwa der Ausschluss des Christentums, sondern die Übernahme dessen, was dieses als seinen ureigensten Beitrag anzubieten hat. Ihn zu akzeptieren oder zurückzuweisen ist eine Entscheidung, die der Gesetzgeber sorgfältig bedenken muss – und das nicht wegen einer Handvoll Wählerstimmen am Ende der Legislaturperiode, sondern um die öffentliche Sache gut zu lenken und den künftigen Generationen eine umfassende kulturelle Bildung zu ermöglich. Jedes Gesetz hat kulturelle Folgen: Das müssen wir in unserer derzeitigen historischen Notlage bedenken, in der sich die Konsequenzen gewisser legislativer Maßnahmen bereits feststellen lassen. Ist die Gesellschaft besser geworden? Ist die Bereitschaft der Jugendlichen gewachsen, sich in der Gesellschaft zu engagieren und Verantwortung zu übernehmen? Ist die Arbeit zu einer Form der Selbstverwirklichung geworden? Ist die Stellung der Familie im Gesamtgefüge der Gesellschaft wieder stärker geworden? Bereitet die Schule auf das wirkliche Leben vor? Ist der Kranke eine Person, die respektiert wird, und nicht nur eine Belastung der öffentlichen Haushalte? Wird das Leben insgesamt geschützt? Und seine Würde von allen garantiert? Diese Fragen sind nicht rhetorisch, sondern müssen beantwortet werden. Wenn wir von der Prämisse ausgehen, die heute in vielen Bereichen der globalisierten Welt verbreitet ist, dass nämlich die Freiheit des Individuums oberste Priorität hat, dann wird es dringend notwendig sein, einen Raum zu schaffen, um diesen

Anspruch mit der konkreten Forderung nach sozialer Verantwortung ins Gleichgewicht zu bringen.

Der Beitrag der Christen

Der Gründer der ersten christlichen Schule in Rom und spätere Märtyrer Justin schreibt in seiner Ersten Apologie, die er an Kaiser Antoninus Pius richtete, um ihn mit den Beweggründen der Christen vertraut zu machen: „Ihr habt aber in der ganzen Welt keine besseren Helfer und Verbündeten zur Aufrechthaltung der Ordnung als uns."[4] Ein Nachhall dieser Worte findet sich viele Jahrhunderte später bei Alexis de Tocqueville: „Diese Katholiken bekunden eine große Treue in der Ausübung ihres Gottesdienstes und sind von Inbrunst und Eifer für ihren Glauben erfüllt; sie bilden die republikanischste und demokratischste Klasse, die es in den Vereinigten Staaten gibt. Diese Tatsache überrascht zunächst, bei näherer Überlegung jedoch entdeckt man unschwer die verborgenen Ursachen. Ich denke, dass man die katholische Religion zu Unrecht als einen natürlichen Feind der Demokratie ansieht. Im Gegenteil scheint mir unter den verschiedenen christlichen Lehren der Katholizismus die Gleichheit der Bedingungen am meisten zu begünstigen. […] In bezug auf die Dogmen stehen für den Katholizismus alle Denkenden auf gleicher Stufe; er verpflichtet den Gelehrten wie den Unwissenden, den Mann von Genie wie den gewöhnlichen Menschen auf die Einzelheiten des gleichen Glaubens; er schreibt die gleichen Andachtsübungen dem Reichen wie dem Armen vor, unterwirft den Mächtigen wie den Schwachen der gleichen Strenge; er lässt sich mit keinem Sterblichen in ein Verhandeln ein, und alle Menschen mit dem gleichen Maßstab messend, führt er alle Gesellschaftsklassen vermischt an den Fuß des gleichen Altars, so wie sie vor den Blicken Gottes in Eins verschmelzen. Macht der Katholizismus die Gläubigen zum Gehorsam geneigt, so bereitet er sie doch keineswegs auf die Ungleichheit vor. […] Die katholischen Priester Amerikas scheiden die geistige Welt in zwei Teile: der eine umfasst die offenbarten Glaubenssätze, denen sie sich widerspruchslos unterwerfen; in den anderen verlegen sie die politische Wahrheit, die Gott ihrer Ansicht nach dem freien Forschen des Menschen anheimstellt. So sind die Katholiken der Vereinigten Staaten gleichzeitig die fügsamsten Gläubigen und die unabhängigsten Bürger."[5]

Und auch in der Ansprache, die Benedikt XVI. 2010 in der Westminster Hall in London hielt, klingen diese Gedanken nach: „Die katholische Lehrtradition sagt, dass die objektiven Normen für rechtes Handeln der Vernunft zugänglich sind, ohne dass dazu ein Rückgriff auf die Inhalte der Offenbarung nötig wäre. Dementsprechend besteht die Rolle der Religion in der politischen Debatte nicht so sehr darin, diese Normen zu liefern, als ob sie von Nichtgläubigen nicht erkannt werden könnten. Noch weniger geht es darum, konkrete politische Lösungen vorzuschlagen, was gänzlich außerhalb der Kompetenz der Religion liegt. Es geht vielmehr darum, auf der Suche nach objektiven moralischen Prinzipien zur Reinigung und zur Erhellung der Vernunftanstrengung beizutragen. […] Es ist also ein Prozess in beide Richtungen. Ohne die Korrekturfunktion der Religion kann jedoch auch die Vernunft den Gefahren einer Verzerrung anheimfallen, wenn sie zum Beispiel von Ideologien manipuliert wird oder auf einseitige Weise zur Anwendung kommt, ohne die Würde der menschlichen Person voll zu berücksichtigen.[…] Darum würde ich sagen, dass die Welt der Vernunft und die Welt des Glaubens […] einander brauchen und keine Angst davor haben sollten, zum Wohl unserer Zivilisation in einen tiefen und andauernden Dialog zu treten." Die Zeiten ändern sich, und mit den Zeiten ändern sich die Menschen; doch die Botschaft bleibt dieselbe.

Es ist keine gut ausgebaute Straße, über die uns unsere Berufung führt. Wir müssen die Herausforderungen, die sich uns in den Weg stellen, annehmen, analysieren und erforschen, um einen Gestaltungsansatz zu finden, der echten Fortschritt für alle bringen kann. Dabei ist insbesondere eines vonnöten: dass wir nicht alleine gehen. Wir könnten das gar nicht, wir sind nicht dazu in der Lage, denn wir sind von Natur aus *katholisch,* das heißt allen gegenüber aufgeschlossen und gewillt, jedem ein Weggefährte zu sein und ihm im Glauben Gesellschaft zu leisten. Wir wollen mit allen sprechen, auch wenn wir wissen, dass nicht alle mit uns sprechen wollen. Wir sind dazu aufgerufen, an jede Tür zu klopfen, auch wenn wir wissen, dass uns viele versperrt bleiben werden. Wir sind davon überzeugt, dass wir nur dann ein fruchtbares Stück Wegs miteinander zurücklegen können, wenn wir einander zutiefst respektieren und zuhören. Wir wollen niemandem etwas aufzwingen, sondern nur Vorschläge machen. Ja, es stimmt: wir glauben, dass wir ein Instrument der Einheit zwischen allen Völkern sein könnten – und das widerspricht nicht im mindesten der uns anvertrauten Mission. Jedenfalls ist es ein Irrtum zu denken, man könnte in der derzeitigen Krise eine Gesellschaft ohne uns aufbauen, denn ein solches Projekt wird misslingen. Wir sind das Salz, das Geschmack gibt, wir sind der Sauerteig, der alles durchdringt; ohne unseren Beitrag ginge der Teig nicht auf und wäre die Speise nicht schmackhaft, sondern fade.

Aus diesem Grund sind wir der Auffassung, dass die Wiederentdeckung der abendländischen Identität sich entweder in Kontinuität zum Verlauf der letzten 2000 Jahre vollziehen muss oder zum Scheitern verurteilt ist. Die Geschichte lebt nicht von Diskontinuität, sondern von einer auf Fortschritt ausgerichteten Kontinuität im Sinne einer Entwicklung, die sich dynamisch windet wie ein Fluss und dabei doch niemals ihre Quelle verleugnet. Auf der Grundlage der historischen Erfahrung können wir sagen, dass die Zukunft von unserer Vergangenheit und davon abhängt, ob die jetzige Generation in der Lage ist, ihr kulturelles und historisches Erbe an die künftigen Generationen weiterzugeben. Wahrscheinlich kennen nur wenige Zivilisationen einen so großen Reichtum an kulturellen und wissenschaftlichen Errungenschaften wie die unsere. Wenn wir die Vergangenheit einfach nur wiederholten, würden wir ihrer bald überdrüssig und unfähig zu jener Weitergabe, die Kultur hervorbringt; wenn wir dagegen das kulturelle Erbe, das wir empfangen haben und von dem wir leben, im Geist unserer eigenen Zeit zu interpretieren vermögen, wird der Reichtum sich mehren und werden wir bedeutsam genug sein, um der Geschichte ein weiteres Blatt hinzuzufügen.

Ein Blick in die Zukunft

Ein Leben in Gleichgültigkeit, Agnostizismus und Atheismus ist nicht eben hilfreich, wenn man ein gemeinsames Projekt verwirklichen will, weil es uns daran hindert, uns wirklich auf die Suche nach der Wahrheit einzulassen. Niemand von uns sollte in den Irrtum verfallen, an sein eigenes Land zu denken und dabei zu vergessen, dass es im Boden eines Glaubens wurzelt, der über Jahrhunderte hinweg das Miteinander und den Fortschritt unterschiedlicher Völker gefördert hat. Eine moderne Gesellschaft, die unseren Beitrag ignoriert, hat diesen Namen nicht verdient. Man kann Bürger unterschiedlichster Herkunft und Kultur nicht zwingen, sich zu etwas zugehörig zu fühlen, das keine Wurzeln und keine Seele hat; ein solches Projekt wird nicht gelingen, weil Identität Gewissheiten erfordert und diese nicht von außen, sondern nur durch die Wiederentdeckung der eigenen, gemeinsamen Tradition gefestigt werden können. Nur so entstehen Identität und der Wunsch nach Zugehörigkeit; andernfalls werden wir tatenlos zusehen müssen, wie die verschiedenen Egoismen einander ablösen, und uns als Reaktion darauf in neue Grenzen einschließen, die diesmal vielleicht nicht territorial, in jedem Fall aber frustrierend und trügerisch sind. Nur eine starke gemeinsame Identität vermag jene Formen des Fundamentalismus und des Extremismus zu bekämpfen, mit denen wir es in unseren Ländern immer wieder zu tun bekommen.

Damit dies geschieht, müssen wir uns von jener Neutralität befreien, hinter der sich heute viele Länder verschanzt haben, um nicht zugunsten ihrer eigenen Geschichte Stellung zu beziehen. Antikatholische Vorstöße, wie sie in den letzten Jahren in verschiedenen Gesellschaftsbereichen immer häufiger geworden sind, sollten bei den zuständigen Institutionen prompte und mindestens ebenso deutliche Reaktionen auslösen wie Angriffe auf andere Religionen. Wenn das Abendland sich seiner Vergangenheit, seiner tragenden Fundamente und seiner christlichen Identität schämt, die es bis heute prägt, dann wird es keine Zukunft haben. Die einzige denkbare Konsequenz ist ein unumkehrbarer Niedergang. Wenn die Politik nicht zu einem Qualitätssprung in der Lage ist, mit dem sie sich über ideologische Gräben hinwegsetzt und sich wieder neu in einem gültigen Wertesystem verortet, dann wird der Beitrag zum Bau eines gemeinsamen Hauses, das sich nicht der Logik des Markts unterwirft, Schaden nehmen.

Im Hinblick auf die Zukunft kann es nur heilsam sein, das politische und kulturelle Engagement wieder auf einige zentrale Grundwerte hin auszurichten. Damit meine ich in erster Linie die *Familie,* die das entscheidende Subjekt des Sozialgefüges darstellt; wenn man sie schon nicht aus Überzeugung fördern will, dann wenigstens aus wirtschaftlichem Kalkül. Die zentrale Stellung der Familie erscheint wie das notwendige Bollwerk, um den Niedergang der sozialen Verantwortung aufzuhalten, der sich schon jetzt allzuoft feststellen lässt. Angesichts des allgemeinen Geburtenrückgangs und einer verbreiteten Verachtung für das Leben, die den Fortbestand der Zivilisation selbst gefährden, ist es dringend erforderlich, dass uns der Primat des *menschlichen Lebens* von seinem allerersten Beginn bis zu seinem natürlichen Ende wieder bewusst wird. Der Abhang der Überalterung, den das Abendland hinabstolpert, zeigt, dass der Winter hereingebrochen ist über jene Länder, die ein fragwürdiges Recht des Stärkeren über das unschuldige Leben setzten – und damit ihren eigenen Niedergang einläuteten. Einem von Angst gequälten und zunehmend einsamen Menschen schlägt man einen raschen und – welch ein Hohn! – vermeintlich glücklichen Tod vor. Das ist der letzte Betrug: der Euphemismus vom „leichten Tod" – als ob der Tod nicht zwangsläufig das Drama der letzten Entscheidung in einer ewigen, existentiellen Frage mit sich brächte: ein Drama, das ausgefochten und nicht erlitten werden will.

Dieser *Slippery Slope*, auf den sich viele naive Verfechter voller Überzeugung vorwagen, ist viel zu rutschig, um als ein Recht eingefordert zu werden; tatsächlich verbirgt sich dahinter die verdrängte Angst vor dem Nichts, weil wir unserem Dasein keine Sinnfülle mehr zu geben vermögen. Der Bezug auf diese Fülle wird um so dringlicher, je deutlicher wir die Krise wahrnehmen, in der wir uns befinden. Sie wurzelt in einer zynischen Sicht der Gesellschaft, die immer mehr auf eine subtile Form der Diskriminierung hinausläuft und die Würde der Person inzwischen nicht mehr zu bewahren vermag. Diese Würde hat nichts mit dem sozialen Status, mit der ethnischen Zugehörigkeit, mit der Religion oder gar mit Einkommen und physischer Gesundheit zu tun; vielmehr gründet sie sich auf die Gleichheit, die auf das sieht, was der einzelne ist, und nicht darauf, wieviel er hat. Die Angst vor dem anderen erwächst nicht selten im Grunde aus einer Angst vor sich selbst und der damit einhergehenden Weigerung, die eigene Identität, Geschichte und Kultur zu bejahen. Die Anerkennung einer gemeinsamen Basis wie des Christentums ist also Voraussetzung dafür, dass es uns gelingt, aus einer anthropologischen Krise herauszufinden, die immer dramatischere Züge annimmt.

Die Erläuterung der gegenwärtigen Situation regt, so können wir feststellen, zum Nachdenken an: Wir müssen uns fragen, ob wir die Fähigkeit besitzen, einen Prozess der Weitergabe von Werten und Inhalten in Gang zu setzen, die die Identität unserer Völker bilden, so dass diese Wurzeln schlagen und ein tragfähiges Gefühl der Zugehörigkeit zu einer neuen und doch alten Wirklichkeit entwickeln können. Wir Katholiken werden vor dieser Verantwortung nicht zurückweichen, und wir werden uns auch nicht an den Rand drängen lassen. Auch dieser Übergang ist Bestandteil unserer Neuevangelisierung. Denn wir sind davon überzeugt, dass unsere Anwesenheit wesentlich ist, damit der Prozess zu einem guten Ende gelangen kann. Niemand außer uns kann diesen einzigartigen Beitrag leisten, der uns zukommt und der im Lauf der Jahrhunderte eine beispiellose Geschichte der Humanisierung vorangetrieben hat. Ohne die unverzichtbare Präsenz der Katholiken wären unsere Länder in jedem Fall ärmer, isolierter und weniger anziehend. Das aber wollen wir nicht; und deshalb verlangen wir, gehört zu werden und uns bewähren zu dürfen, um den Reichtum unseres Glaubens erneut zugunsten eines echten gesellschaftlichen Fortschritts unter Beweis zu stellen. Die Hoffnung, die wir bringen, besitzt eine außerordentliche Größe, weil sie uns trotz aller Schwierigkeiten mit einem Blick der Zuversicht und Gelassenheit auf die Gegenwart schauen lässt. Diese Hoffnung trügt nicht, denn sie speist sich aus einer Lebensverheißung, die alle Grenzen überwindet und den Blick auf die einzig notwendige Wirklichkeit richtet: einen Gott, der uns liebt und unser menschliches Dasein geteilt hat.

Wir haben, kurz gesagt, die Aufgabe, ein Denken hervorzubringen, das sich als Fundament einer neuen Epoche eignet, den künftigen Generationen eine Kultur schenkt, sie auf die Wahrheit hin ausrichtet und ihnen damit die Chance gibt, in echter Freiheit zu leben. Dieses Denken fehlt unserer Zeit, und offengestanden vermag ich es nicht einmal in der Ferne zu erkennen. Vermutlich ist dies das eigentliche Drama. Fehlt die gedankliche Kraft, dann fehlt auch die gestalterische Konzeption, der kreative Entwurf; dann wird alles eintönig und endet in Bewegungslosigkeit. Wem obliegt es, vor allem eine neue Anthropologie zu entwerfen, die sich als Grundlage eines neuen Gesellschaftsmodells eignet? Ganz sicher nicht nur einer einzelnen

Gruppe. Der Zeitpunkt ist gekommen, um mit vereinten Kräften das Erbe der Vergangenheit zu einer Einheit zu verschmelzen und im Licht der Errungenschaften unserer Epoche zu deuten, damit wir es als lebendige Tradition an die Generationen weitergeben können, die nach uns kommen.

IV Jesus Christus im Zentrum

Der Inhalt

Es besteht eine reale Gefahr, dass das Schlagwort der „Neuevangelisierung" zu einer abstrakten Formel verkommt; um dies zu vermeiden, müssen wir den Begriff erläutern und mit Inhalt füllen, damit seine Bedeutung und seine Zielsetzung erkennbar werden. Zwei Formulierungen scheinen mir besonders geeignet, zur Klärung beizutragen. Die erste betrifft den Inhalt, die zweite die Methode. Ein wichtiger Hinweis auf das Wesen der Neuevangelisierung findet sich im Hebräerbrief: „Jesus Christus ist derselbe gestern, heute und in Ewigkeit" (Hebr 13,8). Er verändert sich nicht, und seine Botschaft ist noch dieselbe wie am Tag unserer Taufe. Um diesen Vers besser zu verstehen, dürfen wir seinen unmittelbaren Kontext nicht vernachlässigen. Der Verfasser ist vor allem auf den Zusammenhalt der Gemeinde bedacht und schreibt: „Denkt an eure Vorsteher, die euch das Wort Gottes verkündet haben; schaut auf das Ende ihres Lebens, und ahmt ihren Glauben nach" (13,7). Im Unterschied zu vielen anderen Texten aus den neutestamentlichen Briefen, die gerne von „Priestern" *(Presbyteroi)* oder „Bischöfen" *(Episkopoi)* sprechen, haben wir es hier mit einem der seltenen Vorkommen des Begriffs *Hegoumenoi*, „Anführer", zu tun: jenen also, von denen Jesus, der im Evangelium dasselbe Wort benutzt, sagt, dass sie in Erwartung seiner Wiederkunft den anderen „dienen" sollen (vgl. Lk 22,26). Der Kontext, in dem er dies sagt, kann uns bei unseren Überlegungen behilflich sein. Den Jüngern, die darüber streiten, wer von ihnen der Größte sei, antwortet Jesus, dass der, der andere führen wolle, wie ihr Diener sein müsse. Auf die Gegenwart übertragen bedeutet dies, dass es in der heutigen Zeit, die sich allzuleicht verwirren und vor allem von der Macht faszinieren lässt, notwendig ist, dem echten Dienst, zu dem wir Gläubigen berufen sind, wieder den Vorrang zu geben. Das heißt nicht, dass wir darauf stolz sein oder uns deswegen für etwas Besseres halten sollen, nein: aber wir sollen uns der Verantwortung bewusst werden, die wir wahrnehmen müssen.

Der Text des Hebräerbriefs jedenfalls fährt mit dem Hinweis fort, dass die erste anerkannte Aufgabe dieser „Vorsteher" die Verkündigung des Wortes Gottes ist. Gerade die Verkündigung ist es ja, die das Zuhören ermöglicht und damit den Weg zum Glauben eröffnet (vgl. Röm 10,14), der, wenn es um den Aufbau der christlichen Gemeinschaft geht, die entscheidende Kraftquelle darstellt. Wie man sieht, bleibt die Verkündigung die erste Aufgabe des Diensts, zu dem die Christen berufen sind; auf sie kann man nicht verzichten, ohne sich der mit der Taufe übertragenen Verantwortung zu entziehen. Schließlich fügt der biblische Autor noch etwas hinzu, das wir vor allem dann nicht für nebensächlich halten dürfen, wenn wir erneut den Bezug zu unserer eigenen Zeit herstellen: Die Lebensweise des Gläubigen lädt dazu ein, seinen Glauben nachzuahmen. Der Hebräerbrief schließt keine Kompromisse; die Wirksamkeit des Diensts erschöpft sich nicht in der Verkündigung; diese muss vielmehr ihre sichtbare Erfüllung in einem Zeugnis finden, das ihre Glaubwürdigkeit belegt. In der Verbindung all dieser Bestandteile, zu denen wesentlich auch die in diesem Brief so zentrale liturgische Handlung gehört, besteht die Logik des Glaubens. Von auch nur einem dieser Aspekte abzusehen oder sie voneinander zu trennen würde den Inhalt der Evangelisierung und des Glaubens selbst tangieren. Kurz, glauben heißt nicht, einer Theorie anzuhängen, sondern sein Leben bis zur Selbsthingabe einzusetzen, weil man Jesus Christus in einer lebendigen Gemeinschaft begegnet ist, die ihn auf glaubwürdige Weise verkündigt.

Nun, da wir den Kontext berücksichtigt haben, können wir an unseren Ausgangspunkt zurückkehren und einen weiteren Schritt tun. Der eingangs zitierte Vers aus dem Hebräerbrief nämlich präzisiert, worin der dank der apostolischen Verkündigung empfangene Glaube besteht: in der Person Jesu Christi. Die Formulierung des biblischen Autors ist unmissverständlich: „Jesus Christus ist derselbe gestern, heute und in Ewigkeit." Sie lässt keinen Raum für irgendwelche Zweifel oder gar für Neutralität. In jenen drei Adverbien manifestiert sich die Unverrückbarkeit der Offenbarung Jesu; er ist der „Eckstein" (Mt 21,42), der „Fels" (Mt 7,24–25), der Untergrund, auf dem man sein eigenes Leben aufbaut. Dies war er „gestern", zu dem Zeitpunkt nämlich, da man zum Glauben an ihn gefunden hat; er ist es „heute", da sein Wort verkündet und das Geheimnis seines Todes und seiner Auferstehung gefeiert wird; und er wird es „in Ewigkeit" sein bis zum Ende der Zeiten. Mit einem Wort, Christus ist immer derselbe. Dem fügt der Brief gleich im nächsten Vers noch etwas hinzu: „Lasst euch nicht durch mancherlei fremde Lehren irreführen; denn es ist gut, das Herz durch Gnade zu stärken" (13,9). Es ist, als sähe der biblische Verfasser über seine eigene Zeit – die ganz sicher nicht leichter war als unsere heutige – hinaus und richte seinen Blick auf die Zukunft der Gläubigen, in der die unterschiedlichsten Philosophien und Ideologien die Stabilität und Integrität des Glaubens bedrohen. In dieser Hinsicht haben wir nichts Neues zu vermelden.

Ein Blick auf die Briefe des Neuen Testaments kann diese Besorgnis nur bestätigen. Paulus fordert seine Adressaten mehrfach dazu auf, nicht zum Spielball der verschiedenen Lehrmeinungen zu werden (vgl. Eph 4,14) und sich nicht den Satzungen und Lehren der Menschen zu unterwerfen (vgl. Kol 2,22), ja, er warnt sogar vor den „Lehren der Dämonen" (1 Tim 4,1) und vor denen, die „ein anderes Evangelium" verkündigen als er (Gal 1,7–9). Petrus steht ihm darin nicht nach, wenn er von „falschen Propheten" spricht (2 Petr 2,1), während Johannes die Reihe um „viele Verführer" (2 Joh 2,7) ergänzt. Vielleicht bleibt dies bis heute die Bedrohung, vor der wir uns am meisten hüten müssen: die Verführung durch Prediger, die ohne die nötige intellektuelle Bildung immer wieder die emotionale Saite anschlagen und Utopien entwerfen, die, obwohl sie Träume von Glück verheißen, doch immer nur in eine noch größere Einsamkeit führen. Der Gesang der Sirenen gehört nicht der Vergangenheit an und ist auch kein Mythos; er verlockt die Menschen bis heute. Sich die Ohren mit Wachs zu verstopfen, könnte die Dinge erleichtern und die trügerische Sehnsucht dämpfen. Nur wenige haben die Kraft, sich wie Odysseus an den Hauptmast binden zu lassen; und doch ist dies der einzige Weg, um Skylla und Charybdis zu überwinden.

Die Methode

Der zweite Text, auf den wir uns hier beziehen wollen, ist die *Magna Charta* der christlichen Apologetik: „Seid stets bereit, jedem Rede und Antwort zu stehen, der nach der Hoffnung fragt, die euch erfüllt" (1 Petr 3,15). Die Situation der frühen Gemeinde, an die Petrus diese Worte richtete, ist wohlbekannt: Sie war versprengt, zersplittert, vielen Schwierigkeiten ausgesetzt und nicht zuletzt Zielscheibe der unterschiedlichsten Gewalttaten. Sicher nicht ohne Grund fühlt sich der Apostel genötigt, jenen Christen Mut zuzusprechen: „Lasst euch durch die Feuersglut, die zu eurer Prüfung über euch gekommen ist, nicht verwirren, als ob euch etwas Ungewöhnliches zustoße. Statt dessen freut euch, dass ihr Anteil an den Leiden Christi habt; denn so könnt ihr auch bei der Offenbarung seiner Herrlichkeit voll Freude jubeln. Wenn ihr wegen des Namens Christi beschimpft werdet, seid ihr selig zu preisen; denn der Geist der Herrlichkeit, der Geist Gottes, ruht auf euch. Wenn einer von euch leiden muss, soll es nicht deswegen sein, weil er ein Mörder oder ein Dieb ist, weil er Böses tut oder sich in fremde Angelegenheiten einmischt. Wenn er aber leidet, weil er Christ ist, dann soll er sich nicht schämen, sondern Gott verherrlichen, indem er sich zu diesem Namen bekennt" (1 Petr 4,12-16). Worte, die auch heute noch in verschiedenen Regionen unserer kleinen Welt ihre Aktualität nicht verloren haben; trotz alledem aber sind die Gläubigen immer dazu berufen, in Glaubensdingen „Rede und Antwort zu stehen".

Die Apologetik ist dem Glauben nicht wesensfremd, im Gegenteil: sie gehört mit vollem Recht zu jenem Schritt, mit dem man in die Logik des Glaubens eintritt. Diese erfordert zuallererst, dass dieser Schritt wirklich frei ist: Frucht jener rückhaltlosen Hingabe an Gott, mit der der einzelne sich ihm mit seinem Intellekt und seinem Willen anvertraut (vgl. Dei Verbum 5). Zumindest in den letzten Jahrzehnten scheint es die Gläubigen nicht sonderlich begeistert zu haben, in Glaubensdingen Rede und Antwort zu stehen. Vielleicht haben wir es nicht entschlossen genug versucht, und vielleicht ist genau dies auch der Grund für das Nachlassen unserer Überzeugungen. Der Rückgriff auf die Traditionen von immer oder auf die verschiedensten, rational nicht wirklich zugänglichen Erfahrungen war jedenfalls nicht wirklich mitreißend – um so weniger angesichts einer Kultur, die sich immer stärker auf die überprüfbaren Aussagen der Naturwissenschaften stützt. Die Situation hat sich in mancher Hinsicht verhärtet, nicht zuletzt deshalb, weil einige glaubten, sich hinter der müden Wiederholung alter Formen verschanzen zu können – ohne zu bemerken, dass sie in Wirklichkeit auf Treibsand standen.

Die Vorstellung, dass die Neuevangelisierung durch eine bloße Wiederbelebung alter Formen gelingen könnte, ist eine Illusion, von der wir uns verabschieden müssen. Natürlich besteht die Lösung auch nicht darin, extravagante Neuerungen zu erfinden, um eine Gegenwart zufriedenzustellen, die immer in Bewegung und bereit ist, alles auszuprobieren – wobei sie sich das eigentliche Vergnügen eines kritischen Geschmacksurteils sogar meist entgehen lässt. Die Wegstrecke, die vor uns liegt, ist alles andere als leicht; wir müssen den Fundamenten treu bleiben und gerade deshalb in der Lage sein, etwas aufzubauen, das dazu passt und dennoch auch von einem Menschen aufgenommen und verstanden werden kann, der anders ist als früher. Was jedenfalls die Fähigkeit anbelangt, in Glaubensdingen „Rede und Antwort zu stehen", fügt Petrus drei Begriffe hinzu, die mir einen normativen Wert zu besitzen scheinen: Bescheidenheit, Ehrfurcht und „ein reines Gewissen" (4,16a). Diese drei Begriffe sind programmatisch. Der Apostel meint damit, dass die Gläubigen die Hoffnung, die sie in sich tragen, nicht mit Stolz und Anmaßung bezeugen und verkündigen und sich anderen Lehren nicht überlegen fühlen sollen. Solange Jesus Christus das Herz des Christentums ist, erfordert die Begegnung mit ihm eine andere Herangehensweise, die einen stimmigen Blick auf den Inhalt der Verkündigung zulässt.

An erster Stelle steht die Bescheidenheit oder Sanftmut, die uns an die Seligpreisung Jesu erinnert. Auch Paulus fordert im Zweiten Timotheusbrief: „Ein Knecht des Herrn soll nicht streiten, sondern zu allen freundlich sein, ein geschickter und geduldiger Lehrer, der auch die mit Güte zurechtweist, die sich hartnäckig widersetzen. Vielleicht schenkt Gott ihnen dann die Umkehr, damit sie die Wahrheit erkennen" (2 Tim 2,24–25).

Die zweite Forderung betrifft die Ehrfurcht, also die Fähigkeit, sich in den Fragesteller hineinzudenken und sich bewusst zu machen, dass auch er Bedürfnisse hat und nach dem Guten strebt. Deshalb ist es wichtig, in jedem Gespräch darauf zu achten, was unser Gegenüber wirklich im tiefsten Innern braucht, und ihn mit unseren Worten auf die gesuchte Wahrheit hinzulenken. Diese Art der Ehrfurcht ist auch ein Gefühl der Verantwortung gegenüber Gott, weil es sein Wort ist, das wir verkündigen. Das bedeutet, dass niemand die Radikalität des Evangeliums abmildern oder seine Inhalte, nur weil ihm dies zweckmäßig erscheint, begrenzen darf.

Das „reine Gewissen" schließlich besteht in dem notwendigen Bewusstsein, dass das Evangelium den, der es verkündet, gleichzeitig auch zu einer entsprechenden Lebensweise beruft. Wer evangelisiert, schöpft aus dem Glauben und verlässt sich auf die Hoffnung, die er in sich trägt – und er muss ein tadelloses Leben führen. Den Grund für diese Vorgehensweise erklärt Petrus gleich im Anschluss: „Dann werden die, die euch beschimpfen, weil ihr in (der Gemeinschaft mit) Christus ein rechtschaffenes Leben führt, sich wegen ihrer Verleumdungen schämen müssen" (4,16b). Auch hier also wird der Lebensstil der Gläubigen als wesentlicher Bestandteil ihrer Glaubwürdigkeit dargestellt – eine Anmerkung, die man im Hinterkopf behalten sollte, wenn man sich mit dem Thema der Neuevangelisierung befasst.

Die Entwicklung

Wie man sieht, ist die Straße der Neuevangelisierung beschildert; wir sind berufen, die Verkündigung Jesu Christi, des Geheimnisses seines Todes und seiner Auferstehung zu erneuern, um den Glauben an ihn durch eine Umkehr, die das ganze Leben umfasst, wieder neu hervorzurufen. Wenn unsere Augen noch in der Lage wären, auf den Grund der Ereignisse zu schauen, die das Leben unserer Zeitgenossen prägen, dann würden wir sofort erkennen, dass diese Verkündigung absolute Priorität besitzt. Wir müssen die Gedanken also auf den Sinn des Lebens und des Todes und auf ein Leben nach dem Tod lenken; im Umfeld solcher Fragen, die die persönliche Existenz und Identität prägen und bestimmen, kann Jesus Christus kein Fremder sein. Wenn die Verkündigung der Neuevangelisierung sich nicht auf das Mysterium stützt, das das Leben umgibt und mit dem unendlichen Geheimnis des Gottes Jesu Christi verbindet, wird sie nicht die nötige Wirksamkeit aufbringen, um eine Antwort des Glaubens herauszufordern. Vor diesem Hintergrund beschreibt *Gaudium et spes* einen Weg, den zu gehen sich lohnt: „Tatsächlich klärt sich nur im Geheimnis des fleischgewordenen Wortes das Geheimnis des Menschen wahrhaft auf. […] Christus, der neue Adam, macht eben in der Offenbarung des Geheimnisses des Vaters und seiner Liebe dem Menschen den Menschen selbst voll kund und erschließt ihm seine höchste Berufung. […] Denn er, der Sohn Gottes, hat sich in seiner Menschwerdung gewissermaßen mit jedem Menschen vereinigt. Mit Menschenhänden hat er gearbeitet, mit menschlichem Geist gedacht, mit einem menschlichen Willen hat er gehandelt, mit einem menschlichen Herzen geliebt. Geboren aus Maria, der Jungfrau, ist er in Wahrheit einer aus uns geworden, in allem uns gleich außer der Sünde. Als unschuldiges Opferlamm hat er freiwillig sein Blut vergossen und uns Leben erworben. In ihm hat Gott uns mit sich und untereinander versöhnt und der Knechtschaft des Teufels und der Sünde entrissen. So kann jeder von uns mit dem Apostel sagen: Der Sohn Gottes ‚hat mich geliebt und sich selbst für mich dahingegebe' (Gal 2,20). Durch sein Leiden für uns hat er uns nicht nur das Beispiel gegeben, dass wir seinen Spuren folgen, sondern er hat uns auch den Weg gebahnt, dem wir folgen müssen, damit Leben und Tod geheiligt werden und neue Bedeutung erhalten" (Gaudium et spes 22).

Im Licht dieses Textes, der in mancher Hinsicht eine neue Anthropologie für unsere Zeit entwirft, eröffnen sich dem pastoralen Handeln der Kirche mit dem Primat des Dienens neue Horizonte. Ein erster Weg ist der der beständigen Suche nach dem Antlitz Gottes. Wie es Benedikt XVI.

in seiner Ansprache im *Collège des Bernardins* treffend dargelegt hat, besteht die Kultur selbst wesentlich in der Gottsuche *(quaerere Deum)* und erhält nur durch sie ihre Fähigkeit, zu wirken und Fortschritt hervorzubringen.[1] Diese Suche, die sich auf eine zweitausendjährige Tradition stützen kann, hat Einlass in die Kulturen gefunden und mit allen verfügbaren Mitteln den Höhepunkt der Offenbarung Gottes an die Menschheit ausgedrückt. Wie man sieht, ist die Neuevangelisierung nicht in erster Linie ein Aufruf dazu, sich in Reaktion auf den Atheismus mit der Frage nach der Existenz Gottes zu befassen. Ihre vorrangige Aufgabe besteht vielmehr darin, die Person Jesu Christi und sein Bewusstsein, Sohn und endgültiger Offenbarer des Mysteriums Gottes zu sein, neu erfahrbar zu machen. In diesem Zusammenhang wird man gemäß der Logik eines Entwicklungsprozesses auch nicht vergessen dürfen, das Christentum als den Gipfel des Phänomens Religion und die Frage nach der wahren Religion auf neue Weise zu thematisieren. Wer diese Inhalte zugunsten einer falschverstandenen Toleranz in der Schwebe lässt oder tatenlos zusieht, wie die Ausdrucksformen des Christentums immer stärker eingeschränkt werden, erweist den Menschen, die das Recht haben, die Wahrheit der Offenbarung zu hören, einen Bärendienst.

Deshalb muss die Neuevangelisierung getragen werden von einer neuen, apologetisch gefassten Anthropologie, die das christliche Ereignis so darstellt, dass es den heutigen Menschen anzusprechen vermag. Ich verwende diesen Begriff mit Absicht, und zwar in seiner positiven Bedeutung. „Apologetisch" wird in einigen Lesern Erinnerungen an eine überholte, vorkonziliare Sichtweise wecken. Doch das ist nur ein Missverständnis. „Apologie" bezeichnet in erster Linie die Darstellung des christlichen

Ereignisses als Verkündigung einer erwarteten Neuheit. Es wäre überaus lehrreich, die verschiedenen historischen Epochen Revue passieren zu lassen und zu untersuchen, welche Methoden hierin jeweils angewendet wurden.

Natürlich ist mir bewusst, dass gerade ein *historischer* Blickwinkel uns auch dazu verpflichten würde, die Irrtümer der Vergangenheit nicht zu wiederholen. Ich denke da zum Beispiel an den Irrtum, dem eine neuzeitliche Form der Apologetik aufsaß, als sie in der Auseinandersetzung mit den Argumenten gewisser rationalistischer Strömungen die gesamte Frage auf der Ebene der *Ratio* und der *Demonstrationes* ansiedelte. Damit war – kaum zu übersehen – die Gefahr verbunden, dass man die *Ratio* zur absoluten Herrscherin erhob und die *Fides* auf eine rein spirituelle Erfahrung reduzierte, in den privaten Bereich verbannte und damit de facto jeder Möglichkeit der Einflussnahme beraubte. Ich glaube nicht, dass wir in erster Linie den Glauben und damit das Handeln der Kirche gegen Vorurteile in Schutz nehmen müssen, die von außen und überdies aus Kreisen kommen, denen die Kirche fremd ist. Der Glaube hat seine eigene Glaubwürdigkeit, die ihm weniger aus seiner Beziehung zur Vernunft als aus seiner Beziehung zur Offenbarung erwächst. Und auch wenn letztere, weil dies ihr Recht und ihre Pflicht ist, sich auf die Vernunft bezieht, um ihre Vernünftigkeit unter Beweis zu stellen, macht sie doch zugleich auch geltend, dass der Akt des Glaubens eine größere Reichweite hat, weil er sich mit der liturgischen Handlung, in der das Mysterium vergegenwärtigt und gefeiert wird, und mit dem Zeugnis der Liebe als höchster Form des Glaubens verbindet. Daher ist es wichtig, dass eine neue Apologetik sich wieder auf den Primat des Mysteriums besinnt, das Verwandlung und Umkehr bewirkt, und dass sie dem heutigen Menschen nicht in erster Linie in der Absicht begegnet, die Existenz Gottes und die Wahrhaftigkeit seiner Offenbarung zu beweisen, sondern erfahrbar zu machen, dass der Mensch sich ohne Gottes Gegenwart und Nähe selber fremd wird. Denn dann verlieren sowohl die Liebe als auch der Schmerz ihren Sinn, wachsen Einsamkeit und Isolation und verflüchtigt sich sogar die Freude am Leben.

Die Frage nach Gott

Es lässt sich jedenfalls nicht leugnen, dass eines der Merkmale der heutigen Krise auch mit dem Thema Gott zu tun hat. Die Neuevangelisierung darf also nicht annehmen, dass ihr diese Problematik fremd wäre. Ihr nicht die oberste Priorität einzuräumen heißt jedoch nicht, dass man sie an den Rand drängt, sondern dass man sie in einen angemesseneren Kontext einordnet. Im Unterschied zur Vergangenheit hat man es heute nicht mehr mit den großen Atheismen zu tun – wenn sie denn jemals groß gewesen sind. Der Mensch unserer Zeit verleugnet Gott ja gar nicht, er weiß nur einfach nichts von ihm. Deshalb besteht die eigentliche Herausforderung in der Fähigkeit, heute von Gott zu sprechen. Man könnte gewissermaßen sagen, dass das Interesse an Gott und an der Religion in den letzten Jahren zugenommen hat. Was jedoch auffällt, ist ihre stark emotionale Konnotation und die Tatsache, dass sie immer nur im Plural vorkommt: Man interessiert sich nicht für eine bestimmte und schon gar nicht für die „wahre Religion"; heute scheinen vielmehr die *religiösen Erfahrungen* zu überwiegen. Man sucht, kurz gesagt, nach verschiedenen religiösen Modalitäten, die sich jeder nach Belieben so auswählt, dass sie seinen Interessen und seinen augenblicklichen Bedürfnissen am ehesten entsprechen. Hinzu kommt, dass der Verständnishorizont vor allem der jungen Generationen von der wissenschaftlichen Forschung und der Technologie geprägt ist. Leider drängen diese Errungenschaften sogar die elementarsten Kenntnisse der Grammatik und Allgemeinbildung in den Hintergrund. Und schließlich darf man auch den Niedergang der humanistischen Kultur nicht vergessen, der sich inzwischen auf verhängnisvolle Weise zeigt und dessen Folgen für alle sichtbar sind. Näher auf diese Probleme einzugehen, würde uns zu weit von unserem eigentlichen Thema wegführen, auch wenn dieses gerade aufgrund der kulturellen Konsequenzen, die sich daraus ergeben, in mancher Hinsicht eng damit verflochten ist.

Es versteht sich – um uns auf unsere Fragestellung zu konzentrieren – von selbst, dass man nicht einfach so auf einen Kollisionskurs mit der Wissenschaft gehen kann; diese muss ihre Arbeit tun, und dabei ist „Gott" völlig zu Recht nicht vorgesehen.[2] Wie Benedikt XVI. in seiner Enzyklika *Spe salvi* schreibt: „Die Wissenschaft kann vieles zur Vermenschlichung der Welt und der Menschheit beitragen. Sie kann den Menschen und die Welt aber auch zerstören, wenn sie nicht von Kräften geordnet wird, die außerhalb ihrer selbst liegen. […] Nicht die Wissenschaft erlöst den Menschen. Erlöst wird der Mensch durch die Liebe" (25–26). Diese Tatsache aber ist – zumindest solange man nicht eingehender über den Nutzen der wissenschaftlichen Forschung und die Forderungen der Ethik diskutieren will – für die Evangelisierung nicht von Nachteil. Deren erstes Ziel besteht nicht darin, auf den Areopag der theoretischen Dispute hinauszutreten, sondern zu verkündigen, dass Gott sich in Jesus Christus geoffenbart hat und dass sich in ihm der Sinn unseres Lebens erfüllt. Gott betrifft in erster Linie den *persönlichen Weg* derer, die auf der Suche sind, um ihrem eigenen Dasein einen Sinn zu geben – er ist nicht bloß Gegenstand einer akademischen Debatte. Deshalb gilt es Gott jenseits und außerhalb der Wissenschaft zu entdecken: als Forderung nach Sinnerfüllung und persönlich gelebter Erfahrung. Meiner Ansicht nach sollte sich die Neuevangelisierung nicht in erster Linie im Kielwasser der traditionellen oder auch neuen „Gottesbeweise" positionieren. Der Horizont müsste ein anderer sein. Überdies ist es, wenn man einmal auf die Vorgehensweise der Urkirche schaut, gar nicht schwierig, eine andere Route zu finden. Die Pfingstrede des Apostels Petrus ist hier in mancher Hinsicht richtunggebend: „Jesus, den Nazoräer, den Gott vor euch beglaubigt hat durch machtvolle Taten, Wunder und Zeichen, die er durch ihn in eurer Mitte getan hat, wie ihr selbst wisst – ihn, der nach Gottes beschlossenem Willen und Vorauswissen hingegeben wurde, habt ihr durch die Hand von Gesetzlosen ans Kreuz geschlagen und umgebracht. Gott aber hat ihn von den Wehen des Todes befreit und auferweckt; denn es war unmöglich, dass er vom Tod festgehalten wurde. […] Diesen Jesus hat Gott auferweckt, dafür sind wir alle Zeugen. Nachdem er durch die rechte Hand Gottes erhöht worden war und vom Vater den verheißenen Heiligen Geist empfangen hatte, hat er ihn ausgegossen, wie ihr seht und hört. […] Mit Gewissheit erkenne also das ganze Haus Israel: Gott hat ihn zum Herrn und Messias gemacht, diesen Jesus, den ihr gekreuzigt habt. Als sie das hörten, traf es sie mitten ins Herz, und sie sagten zu Petrus und den übrigen Aposteln: Was sollen wir tun, Brüder? Petrus antwortete ihnen: Kehrt um, und jeder von euch lasse sich auf den

Namen Jesu Christi taufen zur Vergebung seiner Sünden; dann werdet ihr die Gabe des Heiligen Geistes empfangen. Denn euch und euren Kindern gilt die Verheißung und all denen in der Ferne, die der Herr, unser Gott, herbeirufen wird. Mit noch vielen anderen Worten beschwor und ermahnte er sie: Lasst euch retten aus dieser verdorbenen Generation!" (Apg 2,22–24.32–33.36–40). Diese Seite unserer Geschichte ist ein Wegweiser und führt uns auf einen beispielhaften Kurs, der – natürlich unter veränderten Vorzeichen – von der Kirche als ein immer neues und aktuelles Pfingsten beschritten werden will.

Die Neuevangelisierung erfordert also die Fähigkeit, im Hinblick auf den eigenen Glauben Rede und Antwort zu stehen und Jesus Christus als den Sohn Gottes und den einzigen Erlöser der Menschheit zu bezeugen. Je besser wir hierzu in der Lage sind, desto eher werden wir unseren Zeitgenossen die Antwort geben können, auf die sie warten. Das ist der Ausgangspunkt der Neuevangelisierung: die Überzeugung, dass die Gnade wirkt und verwandelt und die Herzen bekehrt, und die Glaubwürdigkeit unseres Zeugnisses. Der hoffnungsfrohe Blick in die Zukunft ist es, der uns sowohl vor einer Art romantischer Nostalgie, die die Vergangenheit verklärt, als auch vor einem Utopismus bewahrt, der uns mit unerfüllbaren Versprechungen ködert. Der Glaube verankert uns im Jetzt, das wir erleben, und deshalb wäre es dumm und feige, ihm nicht zu entsprechen; uns Christen jedenfalls ist dies nicht erlaubt. Uns in unseren Kirchen zu verschanzen, mag in gewisser Hinsicht tröstlich sein, doch dann wäre Pfingsten vergeblich gewesen. Es ist an der Zeit, die Türen weit aufzustoßen und die Auferstehung Christi, deren Zeugen wir sind, wieder neu zu verkündigen. Wie der heilige Bischof Ignatius in der Frühzeit des Christentums schrieb: „So ziemt es sich denn also, nicht bloß Christ zu heißen, sondern auch zu sein".[3] Nicht an ihren Absichten, sondern an ihrem Einsatz für den Glauben sollte man die Christen erkennen können.

V Schauplätze der Neuevangelisierung

Eine beständige Forderung

Wir wenden unsere Aufmerksamkeit nun der Frage zu, wie verhindert werden kann, dass das Schlagwort der „Neuevangelisierung" zu einer Allzweckformel wird, die alles und das Gegenteil von allem umfasst. Das nämlich darf nicht sein. Das Wort muss einheitlich verstanden und erklärt werden, weil es die Grundlage des kirchlichen Handelns bildet. Bei aller Unsicherheit und Zweideutigkeit, die dieser Begriff mit sich bringt, scheint er doch am ehesten geeignet, die Herausforderung zu bezeichnen, der sich die Kirche in dieser besonderen und schwierigen Phase ihrer Geschichte vor allem im Abendland stellen muss.

Andererseits darf jedoch nicht der Eindruck entstehen, dass es sich dabei um eine Alternative oder Parallele zu dem handelt, was die Kirche in den zwanzig Jahrhunderten ihrer Geschichte gelehrt und getan hat. „Neuevangelisierung" also bezeichnet eine andere Umsetzung desselben, identischen und unveränderlichen Gebots Jesu an seine Kirche, allen die Frohe Botschaft zu bringen. Der Inhalt der Neuevangelisierung ist also nichts anderes als der unveränderliche Inhalt des Evangeliums, im Gegenteil: er ist mit diesem identisch, weil er Verkündigung der Person Jesu Christi, des Sohnes Gottes, ist, der im Geheimnis seines Todes und seiner Auferstehung die Welt erlöst und allen, die an ihn glauben, das Tor zum ewigen Leben geöffnet hat. Was sich ändert, ist nur die Ausdrucksweise, mit der die immer gleiche Botschaft mitgeteilt wird, um auch in einem veränderten sozialen und kulturellen Kontext noch verständlich zu sein. In diesem speziellen Fall bezieht sich der Ausdruck vor allem auf Christen, deren kulturelles Umfeld von einer tiefen, durch den Säkularismus ausgelösten Glaubenskrise und von Verhaltensweisen geprägt ist, die den christlichen Werten eindeutig widersprechen, und die das Bedürfnis haben, die Grundlagen ihres Glaubens wiederzuentdecken. Das Handeln der Neuevangelisierung richtet sich also insbesondere an Katholiken in Ländern mit alter christlicher Tradition, deren Kultur vom Glauben geprägt ist und die zur Zeit der Versuchung einer oberflächlichen und dem Christentum gegenüber gleichgültig oder sogar feindlich eingestellten Lebensweise ausgesetzt sind.

Die Neuevangelisierung ist keine Neuerung, die der Heilige Stuhl etwa erst jetzt mit der Neugründung dieses Dikasteriums eingeführt hätte. Sie ist schon längst im alltäglichen Handeln Tausender und Abertausender von Menschen sichtbar, die der Einladung des seligen Johannes Paul II. gefolgt sind und diesen Weg in den letzten Jahrzehnten eingeschlagen haben. Seit Jahren leben Diözesen, Pfarrgemeinden, Priester, Orden, neue Formen des gottgeweihten Lebens und alte wie neue Bewegungen mit Begeisterung die Erfahrung der Neuevangelisierung, und ihr Engagement trägt vor allem unter den Jugendlichen reiche Frucht. Nach wie vor ruft der Geist viele Christen, sich von ihm zu gehorsamen Werkzeugen der Bekehrung formen zu lassen. Neuevangelisierung heißt aber auch – und das ist gerade heute ein besonders sensibles Thema –, dass Orte für ein innovativeres pastorales Handeln gefunden werden müssen.

Die Liturgie

Ein ganz besonderes Band verbindet die Neuevangelisierung mit der Liturgie. Vor allem durch sie manifestiert sich die Kirche als Vermittlerin der Offenbarung Jesu Christi in der Welt. Das liturgische Handeln hat die Kirche von Anfang an charakterisiert. Was die Gemeinschaft mit der Verkündigung der Heilsbotschaft predigte, wurde anschließend lebendige Gegenwart im sichtbaren und wirksamen Zeichen des Heils: dem liturgischen Gebet. Dieses war nicht mehr nur eine Verkündigung gutwilliger Menschen, sondern ein Handeln, das der Geist durch die Gegenwart Christi selbst inmitten der Gemeinschaft der Gläubigen wirkte. Diese beiden Dinge voneinander zu trennen hieße, die Kirche nicht zu verstehen.

Sie lebt aus der liturgischen Handlung, die gleichsam als Lebenssaft die Verkündigung speist, welche wiederum nach getaner Arbeit zur liturgischen Handlung als ihrer wirksamen Ergänzung zurückkehrt. Die *Lex credendi* und die *Lex orandi* bilden ein einziges Ganzes, und es ist kaum mehr zu erkennen, wo die eine beginnt und die andere endet. Die Neuevangelisierung also muss imstande sein, die Liturgie zu ihrem Lebensraum zu machen, damit die dort geleistete Verkündigungsarbeit zu ihrer vollen Sinnfülle gelangt. Deren sprachliche und perspektivische Vielfalt findet ihr Gegenstück im Reichtum der Liturgie. Die Vielgestaltigkeit der liturgischen Handlung nämlich und die verschiedenen Riten, aus denen sie sich zusammensetzt, zeigen deutlich, dass das eine und einzige Mysterium sich sehr wohl in unterschiedlichen Formen ausdrücken und dennoch immer in ein und demselben Glaubensbekenntnis wurzeln kann.

Das Alltagsleben, in dem sich die pastorale Arbeit entfaltet, lässt uns noch unmittelbarer verstehen, warum dieser

Zusammenhang in einer Welt, deren Zugang zum Mysterium fast nur noch über Zeichen erfolgt, so wichtig und so außerordentlich wirkungsvoll ist. Man denke nur an die pastorale Chance, vor allem aber an den Bedeutungswert, der mit manchen Feiern einhergeht. Ob es sich nun um eine Taufe oder eine Beisetzung handelt – alle spüren das darin enthaltene Potential, eine Botschaft zu vermitteln, die andernfalls nicht gehört würde. Wie viele Menschen nehmen an einer solchen Feier teil, die der Religion „gleichgültig" begegnen, und wie viele der Anwesenden sind auf der Suche nach einer echten Spiritualität! Das Wort des Priesters sollte bei solchen Gelegenheiten geeignet sein, vor allem von der Feier des Sakraments und von den Zeichen her, in denen es sich ausdrückt, die Frage nach dem Sinn des Lebens aufzuwerfen. Denn diese Feier ist kein bloßer Ritus, der nichts mit dem alltäglichen Leben des Menschen zu tun hätte, sondern auf seine Sinnfrage ausgerichtet, die auf eine andernorts oft vergeblich gesuchte Antwort wartet. In der Feier der Liturgie sind Verkündigung und Zeichen mit Bedeutungen gefüllt, die über den Priester und seine Person hinausgehen. Hier nämlich wird dank der Verbindung mit dem Wirken des Geistes eine spürbare Verwandlung der Herzen möglich, die, durch seine Gnade geformt, die Bereitschaft erlangen, den Moment des Heils aufzunehmen.

Die Bedeutung der Verbindung zwischen der Neuevangelisierung und der Liturgie und zwischen dieser und dem Wirken des Heiligen Geiste veranlasst den Zelebranten, ernsthaft über sein Dienstamt und insbesondere über ein so äußerst wichtiges Thema wie die Predigt nachzudenken. Ihr Stellenwert im Hinblick auf die Verkündigung, das Verständnis der gefeierten Geheimnisse und das alltägliche Leben ist so offensichtlich, dass hier keine Ausflüchte möglich sind. Die Vorbereitung der Predigt zu vernachlässigen oder, schlimmer noch, ganz ohne Vorbereitung zu predigen, ist vor allem ein Unrecht gegenüber dem Wort Gottes und sodann eine Demütigung der Gläubigen. Die Zeit, die man auf die Vorbereitung der Predigt verwendet, ist nicht vergeudet, sondern Voraussetzung dafür, dass man den priesterlichen Dienst treu, konsequent und wirkungsvoll versieht.

Die christliche Liebe

Ein besonderer Bereich der Neuevangelisierung ist ganz sicher die praktische Nächstenliebe. Sie ist der Brennpunkt der vielfältigen konkreten Zeichen, die die Kirche der Welt nach wie vor unermüdlich anbietet. Dem Wirken des Heiligen Geistes gehorsam haben Männer und Frauen im Lauf von zweitausend Jahren verschiedene Wege gefunden, das Herrenwort „Die Armen habt ihr immer bei euch" (Joh 12,8) sichtbar und aktuell werden zu lassen. Das Präsens „habt" zeigt unmissverständlich, dass die Geschichte der Kirche niemals ohne eine ganz besondere Aufmerksamkeit für das Zeugnis der tätigen Nächstenliebe auskommen wird, denn dieses Zeugnis entscheidet über die Glaubwürdigkeit im Hinblick auf das, was das Herzstück ihrer Verkündigung ausmacht: die Liebe.

In seiner ersten Enzyklika, *Deus caritas est,* hat Benedikt XVI. die ursprüngliche Bedeutung der christlichen Liebe, ihre Quelle, ihre Entwicklung, ihre Besonderheit und die Gefahren verdeutlicht, die es zu meiden gilt. Die praktische Nächstenliebe ist etwas, das gelebt wird. Im Kreislauf von Glauben und Liebe bewährt sich die authentische Beziehung, die uns mit dem Herrn verbindet. Im

Glauben nämlich begreift man, wie Gott liebt; und in der wohltätigen Menschenliebe zeigt sich, ob die Christen seinem Wort treu sind. Im übrigen darf man nicht vergessen, dass unser Verhalten unseren Mitmenschen gegenüber auch unser Verhalten gegenüber Gott bestimmt und umgekehrt. Die Augen des Glaubens schielen nicht. Wenn sie auf Jesus Christus gerichtet sind, müssen sie auch auf die Hungernden und Dürstenden, die Fremden, Nackten, Kranken und die Häftlinge gerichtet sein, weil er in ihnen sichtbar ist. „Was ihr für einen meiner geringsten Brüder getan habt, das habt ihr mir getan" (Mt 25,40) – dieser Satz zeigt an, wie sehr Christus sich mit den Ausgegrenzten und Einsamen identifiziert: Sie sind die Adressaten der christlichen Liebe! Noch deutlichere Worte fand der Apostel Jakobus in den Anfängen des Christentums: „Meine Brüder, haltet den Glauben an unseren Herrn Jesus Christus, den Herrn der Herrlichkeit, frei von jedem Ansehen der Person. Wenn in eure Versammlung ein Mann mit goldenen Ringen und prächtiger Kleidung kommt, und zugleich kommt ein Armer in schmutziger Kleidung, und ihr blickt auf den Mann in der prächtigen Kleidung und sagt: Setz dich hier auf den guten Platz!, und zu dem Armen sagt ihr: Du kannst dort stehen!, oder: Setz dich zu meinen Füßen! – macht ihr dann nicht untereinander Unterschiede und fällt Urteile aufgrund verwerflicher Überlegungen? Hört, meine geliebten Brüder: Hat Gott nicht die Armen in der Welt auserwählt, um sie durch den Glauben reich und zu Erben des Königreichs zu machen, das er denen verheißen hat, die ihn lieben? Ihr aber verachtet den Armen. Sind es nicht die Reichen, die euch unterdrücken und euch vor die Gerichte schleppen? [...] Meine Brüder, was nützt es, wenn einer sagt, er habe Glauben, aber es fehlen die Werke? Kann etwa der

Glaube ihn retten? Wenn ein Bruder oder eine Schwester ohne Kleidung ist und ohne das tägliche Brot und einer von euch zu ihnen sagt: Geht in Frieden, wärmt und sättigt euch!, ihr gebt ihnen aber nicht, was sie zum Leben brauchen – was nützt das? So ist auch der Glaube für sich allein tot, wenn er nicht Werke vorzuweisen hat" (Jak 2,1–6.14–17).

In einer Zeit wie der unsrigen, in der sich der einzelne oft in sich selbst verschließt und nicht mehr fähig ist, zu anderen in Beziehung zu treten, und in der die meisten offenbar lieber delegieren als sich direkt beteiligen wollen, sind wir aufgerufen, Zeugnis zu geben, das heißt, Verantwortung für den Mitmenschen zu übernehmen, der unserer Hilfe bedarf. Und das ist ja auch genau „unser Ding"! Auf das Wort des Herrn hin haben wir es uns in den Kopf gesetzt, alles bevorzugt zu behandeln, was die Welt verworfen hat, weil sie es für nutzlos und ineffizient hält. Der chronisch Kranke, der Sterbende, der Ausgegrenzte, der Mensch mit Behinderung und all die anderen, die in den Augen der Welt keine Zukunft haben, finden die Unterstützung der Christen. Wir könnten beredte Beispiele für die Heiligkeit von Männern und Frauen anführen, die dieses Programm in ihrer konkreten Verkündigung der Frohbotschaft Jesu Christi umgesetzt und damit eine echte kulturelle Revolution ausgelöst haben.

Dieser Heiligkeit hält kein Alibi stand; die Utopie weicht der Glaubwürdigkeit, Wahrheitsliebe und Freiheit verschmelzen in jenem Geschenk einer Liebe, die keine Gegenleistung fordert. Vor diesem Hintergrund nimmt auch das Zeichen des *Ehrenamts* als einer echten christlichen Verkündigung Gestalt an. In den verschiedenen Formen, in denen es ausgeübt wird, wird immer erkennbar, dass nichts über die Würde jeder einzelnen Person gestellt werden darf. In einer Epoche, in der alles möglich zu werden scheint, nur weil man es kaufen kann, sollten sich die Zeichen vervielfachen, die veranschaulichen, dass die Liebe und die Solidarität keinen anderen Preis haben als Engagement und persönliches Opfer. Dieses Bekenntnis bezeugt, dass das persönliche Leben nur dann völlige Erfüllung findet, wenn es sich auf den Horizont der Gnade bezieht. Das bringt der Apostel Paulus im Korintherbrief auf suggestive Weise zum Ausdruck: „Was hast du, das du nicht empfangen hättest? Wenn du es aber empfangen hast, warum rühmst du dich, als hättest du es nicht empfangen?" (1 Kor 4,7). Die Liebe will weder erobern noch besitzen, sondern ist ungeschuldetes Geschenk; ohne diesen Geschenkcharakter gerät alles durcheinander, und man läuft Gefahr, die Liebe nicht zu leben. Das Ehrenamt lädt in den verschiedenen Formen, in denen es ausgeübt wird, dazu ein, eine ursprüngliche Erfahrung wiederzuentdecken: die Gnadenhaftigkeit und Heiligkeit des anderen, wo immer er sich befindet und unter welchen Umständen er uns auch begegnen mag. Die Solidarität in den Bekundungen von Schmerz oder von Freude oder in der kulturellen und sozialen Förderung zeigt, dass jeder sich verantwortlich und fähig fühlt, tief in den anderen hineinzusehen und zu erkennen, was er braucht und was wirklich gut für ihn ist. Heute scheinen die unterschiedlichsten Formen des Egoismus vorzuherrschen; deshalb ist es notwendig, die Zeugnisse der Solidarität und Großzügigkeit wieder neu in den Blickpunkt zu rücken, denn sie sind zahlreicher und durchaus in der Lage, die Kräfte, die sich ihnen in den Weg stellen, zu vernichten. Dieser treue Einsatz für die Welt, der auch gelegentlichem Widerspruch die Stirn bietet, erlaubt es uns, aus der Neuevangelisierung ein echtes Lebensprogramm zu machen, das die Welt verändert.

In diesem Kontext darf die Trauer vieler geschiedener und wiederverheirateter Katholiken nicht verschwiegen werden, die aufgrund ihrer ungeordneten Lebensverhältnisse nicht zum Empfang der heiligen Eucharistie zugelassen sind. Diese Situation, die in der Gegenwartskultur auch unter Christen immer häufiger wird, führt oft dazu, dass die Betroffenen sich vom Gemeindeleben entfernen. Wir wollen nicht verhehlen, dass dies ein strittiger Punkt ist; die Beweggründe, die die Kirche daran hindern, dem Wunsch vieler nach Empfang der heiligen Kommunion zu entsprechen, verdienen eine eingehende Erläuterung. Auch die Kirche ist dazu aufgerufen, dem Herrn gehorsam zu sein; sie handelt ja auf sein Gebot hin, wenn sie nur eine einzige Eheschließung anerkennt. Es ist wichtig, daran zu erinnern, dass die Nichtzulassung zur Kommunion nur für diejenigen gilt, die nach ihrer Scheidung wieder geheiratet haben. Wer nach seiner Scheidung keine zweite, zivile Ehe geschlossen hat oder de facto in einem eheähnlichen Verhältnis lebt, fällt nicht unter diese Regelung und kann daher das Sakrament der Eucharistie unter den für alle geltenden Bedingungen empfangen. Die Aufmerksamkeit für die geschiedenen und wiederverheirateten Christen darf nicht nachlassen; vor allem muss deutlich werden, dass die Kirche ihnen verständnisvoll begegnet und dass auch sie zu einem konkreten Engagement innerhalb des Gemeindelebens berufen sind. Dies umfasst Glaubensbekenntnis und Verkündigung, Gebetsleben und Zeugnis. Gerade letzteres halte ich im Kontext der Neuevangelisierung für besonders wichtig.

Eine Begebenheit hat mich immer tief beeindruckt und kann in diesem Zusammenhang vielleicht richtungweisend sein. Alle kennen den großen Blaise Pascal, seine Genialität als Mathematiker und spekulativer Denker und seine tiefe Spiritualität, die sich in den *Pensées* niedergeschlagen hat. Eine bestimmte Episode aus seinem Leben ist aber vielleicht nicht allen bekannt. Wie wir wissen, war Pascal Jansenist und konnte daher die Kommunion nicht empfangen. Schwer erkrankt bat er darum, dass man ihm das Sakrament dennoch spenden möge, doch das war nicht möglich.

Also bestand der Mathematiker und Philosoph darauf, ins Hospital der *Misérables* gebracht zu werden, denn, so sagte er, wenn er Christus schon nicht empfangen könne, so wolle er wenigstens das Schicksal der Ärmsten teilen. Auch das wurde ihm verwehrt: Undenkbar, dass ein Adliger sich an einem solchen Ort aufhielt! Daraufhin bat er inständig, einen Armen an seinem Bett haben zu dürfen; auf diese Weise werde er sich Christus, den er in der Eucharistie nicht empfangen konnte, in der Person des Armen dennoch nahe fühlen. Nicht einmal diese Bitte wurde ihm erfüllt. Doch am Ende seines Lebens empfing er die heilige Kommunion und starb im Frieden mit der Kirche.

Diese wichtige Begebenheit hilft uns verstehen, welche Art von Engagement man von einem Christen erwarten darf, der die Eucharistie nicht empfangen kann: das Zeugnis der wohltätigen Menschenliebe. Auch wenn man Christus nicht empfangen kann, kann man ihm dennoch in den Armen, in denen er gegenwärtig ist, weiter dienen. Wie viele Gelegenheiten bieten uns heute die alten und leider auch immer neue Formen der Armut! Ich fürchte, in manchen Fällen ist der beharrliche Hinweis darauf, dass man nicht kommunizieren darf, nur ein Vorwand, um sich nicht mit Leib und Seele in den Dienst der Nächstenliebe zu stellen. Überdies schreibt der Apostel Petrus in seinem Brief ausdrücklich: „Die Liebe deckt viele Sünden zu" (1 Petr 4,8). Im Antlitz des Armen Christus zu entdecken und sein Leid und seine Armut zu lindern ist ein Akt der Nächstenliebe, der, vor allem, wenn er schweigend und im Verborgenen geschieht, Gottes Wohlgefallen findet.

Ökumene

Angesichts der massiven Präsenz eines Säkularismus, der die Lebensräume unserer Gegenwartswelt immer mehr in Wüsten verwandelt, ist das kulturelle Engagement, von dem auf den vorangegangenen Seiten die Rede war, ein wesentlicher Bestandteil der Neuevangelisierung. Man sollte jedoch nicht denken, dass diese in einem so wichtigen Kontext einseitig durchgeführt werden kann. Das Zweite Vatikanische Konzil hat die Voraussetzungen dafür geschaffen, das Verhältnis zu den Christen anderer Kirchen und Konfessionen mit anderen Augen zu sehen als in der Vergangenheit. Das Abendland muss die Christenheit wahrnehmen, die trotz aller Spaltung vor denselben kulturellen Herausforderungen steht. Wir dürfen uns von den Schwierigkeiten und der Krise, die uns alle trifft, nicht dazu verleiten lassen, in diesem Engagement getrennte Wege zu gehen. Am Anfang der Evangelisierung steht das an jeden Getauften gerichtete Gebot des Herrn, in alle Welt hinauszugehen und sein Geheimnis der Liebe mit den anderen Menschen zu teilen. Das erneuerte Engagement, das die Neuevangelisierung wiederaufgreift, kann ein gemeinsames Projekt sein, das die Christen mit vereinten Kräften umsetzen.

Ich denke hierbei besonders an die schwerwiegenden Probleme in den Gesellschaften jener Länder, die die marxistische und kommunistische Diktatur kennengelernt haben. Die spirituelle Wüste ist eine unleugbare Tatsache.

Was der Patriarch von Moskau, Kyrill, in seiner Publikation *Freiheit und Verantwortung: auf der Suche nach dem Einklang* oder auch der Metropolit von Wolokolamsk in seinem Buch *Das christliche Zeugnis für die Einheit Europas. Der Blickwinkel der russisch-orthodoxen Kirche* schreibt, bestätigt, dass es eine gemeinsame Basis gibt. Auch zahlreiche evangelische Gemeinschaften erleben dieselben Krisensituationen, wie sie die Katholiken umtreiben. Die Besucherzahlen beim Sonntagsgottesdienst sind alarmierend, und das Gefühl der Zugehörigkeit zu einer Gemeinde wird immer unverbindlicher.

In vielen westlichen Ländern können unter anderem die Wertschätzung und Brüderlichkeit unter den verschiedenen Glaubensgemeinschaften die Voraussetzungen dafür schaffen, dass man sich gemeinsam dafür einsetzt, allen Menschen die eine Frohbotschaft Jesu Christi zu bringen. Natürlich ist die Spaltung unter den Christen, was die Glaubwürdigkeit unserer Verkündigung betrifft, keine Nebensache; sie wirft Fragen auf, löst Unbehagen aus und nimmt dem christlichen Bekenntnis etwas von seiner Wirkkraft. Der Herr selbst hat nicht nur unsere Zugehörigkeit zu ihm, sondern auch die Tatsache, dass er vom Vater gesandt worden ist, an der Einheit festgemacht: „Aber ich bitte nicht nur für diese hier, sondern auch für alle, die durch ihr Wort an mich glauben. Alle sollen eins sein: Wie du, Vater, in mir bist und ich in dir bin, sollen auch sie in uns sein, damit die Welt glaubt, dass du mich gesandt hast" (Joh 17,20–21). Ebenso, wie wir auf den Wegen der Neuevangelisierung dem Fingerzeig des Heiligen Geistes folgen, dürfen wir uns seinem Handeln auch nicht verschließen, wenn es um die Bekehrung unserer Herzen geht. Es ist dringend geboten, die Spaltungen der Vergangenheit zu überwinden, um die Mission, sichtbares und konkretes Zeichen für die Einheit aller Getauften zu sein, verantwortungsvoll leben zu können.

Einwanderung

Ein weiterer Gegenstand des Nachdenkens ist das Phänomen der Einwanderung. Das Abendland lebt heute in einer ganz anderen Situation als früher, was sich nicht nur auf die soziale Ordnung, sondern – und das vor allem hat uns hier zu interessieren – auch auf die Neuevangelisierung auswirkt. Wenigstens drei Aspekte sollte man berücksichtigen. Erstens muss anerkannt werden, dass das Phänomen in der Vergangenheit bereits thematisiert worden ist. In vielen Ländern haben die Migrationsströme die verschiedenen Kirchen vor Ort dazu veranlasst, sich der Einwanderer anzunehmen. Das gilt für das 19. und 20. Jahrhundert und wird durch große Vorbilder wie die heilige Francesca Cabrini und den seligen Giovanni Battista Scalabrini belegt. Noch heute erinnert sich ein Land wie Italien an die großzügige Bereitschaft zahlreicher Priester, die ihr Zuhause verlassen haben, um den Immigranten in die verschiedenen europäischen Länder nachzureisen, und die dort zum Teil bis heute ihre Mission im Sinne einer neuen Evangelisierung erfüllen. Dieselbe Erfahrung wiederholt sich auch in unserer Zeit, wenn verschiedene Kirchen Priester in unsere Länder entsenden, um eine wachsende Zahl von Migranten geistlich zu betreuen.

Zweitens hat die Migration der letzten Jahrzehnte auch Millionen von Christen in die unterschiedlichen Länder geschwemmt. In Europa, den Vereinigten Staaten, Kanada und Australien ist die Anwesenheit mehrheitlich katholischer Migranten aus Osteuropa, Lateinamerika und den

Philippinen ein wohlbekanntes Phänomen. Sie sind nicht nur in wirtschaftlicher Hinsicht, sondern auch im Hinblick auf die Neuevangelisierung eine echte Bereicherung. Die Gegenwartsgesellschaft neigt oft dazu, die neu Eingewanderten in der Pflege ihrer Glaubenstraditionen zu behindern und sie so in einen Strudel der Gleichgültigkeit zu stürzen. Dieser Haltung gilt es entgegenzuwirken. Unsere Gemeinschaften sollten offen und aufgeschlossen sein, weil die noch lebendige Tradition dieser Menschen womöglich einen Reichtum darstellt, der uns aus unserer Gleichgültigkeit herauszureißen vermag. Zwar setzt die Volksfrömmigkeit, die die Erlebniswelt der Migranten häufig prägt, eigentlich eine eingehendere Kenntnis der Glaubensinhalte voraus. Dennoch lebt die Neuevangelisierung auch von diesem fruchtbaren Austausch einander respektierender und ergänzender Traditionen.

Drittens gehören große Gruppen von Migranten anderen Religionen an. Sie bringen die Sehnsucht des Menschen zum Ausdruck, zum Absoluten in Beziehung zu treten, und manifestieren alte Weisheitstraditionen. Die Ernsthaftigkeit und Herzensaufrichtigkeit ihrer Suche nach Gott ist ein Weg, der sie zur Begegnung mit Jesus Christus führen kann, was in der Tat oft geschieht. In Anlehnung an die Worte des heiligen Eusebius von Cäsarea erklärt das Konzil in der Dogmatischen Konstitution über die Kirche *Lumen gentium,* dass diese Religionen eine „Vorbereitung für die Frohbotschaft" (Nr. 16) sein können. Ebenso wie die Evangelisierung im allgemeinen darf sich auch die Neuevangelisierung nicht der Pflicht entziehen, Jesus Christus explizit zu verkünden, und sie muss diese Verkündigung an alle richten, damit wirklich jeder die Chance erhält, dem rettenden Wort zu begegnen. In gebührendem Respekt gegenüber allen und mit der Klugheit, die die jeweilige

Situation gebietet, können die Boten der Neuevangelisierung nicht umhin, auch mit jenen zusammenzutreffen, die ihren christlichen Glauben nicht teilen. Wenn die Verkündigung zuweilen nicht angenommen wird, heißt das nicht, dass man etwa im Hinblick auf den Schutz des Lebens und seiner Würde und die Bewahrung der Schöpfung keine gemeinsamen Werte finden könnte.

Kommunikation

Die komplexe Welt der Kommunikation stellt ein weiteres Betätigungsfeld der Neuevangelisierung dar. In seinem Apostolischen Schreiben zur Gründung des Päpstlichen Rats vertraut der Papst diesem ausdrücklich die Aufgabe an, „die Anwendung moderner Kommunikationsmittel als Instrumente einer Neuevangelisierung zu studieren und zu fördern". Ein Blick auf das, was gerade geschieht, zeigt, dass die Kommunikationsmittel nicht mehr nur Mittel, sondern authentischer Ausdruck der Gegenwartskultur sind. Die Neuevangelisierung vollzieht sich auch innerhalb dieser neuen *Mediapolis*. Unter Soziologen und Psychologen werden Stimmen laut, die vor den Gefahren dieser „kleinen großen Welt" des Internets warnen: Dieses breitet sich immer weiter aus und ist vor allem insofern problematisch, als es die Verhaltensweisen des einzelnen und der breiten Masse beeinflusst.

Die Welt der Kommunikation kann jedoch nicht nur in funktioneller Hinsicht betrachtet werden; das wäre ein gefährlicher Irrtum. Er würde uns nicht nur von dieser Welt entfernen, sondern vor allem daran hindern, sie in ihrer realen Beschaffenheit und in den verschiedenen Formen, aus denen sie besteht, wirklich zu verstehen. Sich die Welt der Kommunikation als ein rein technologisches Phänomen zu denken, ist eine Verkürzung der Realität und verstellt den Blick auf das wahre Gesicht der Kultur, die sie umschließt. Denn wir haben es hier mit einem gedanklichen und technologischen Universum zu tun, dessen Potential äußerst bemerkenswert ist und gegenwärtig vielleicht nur zum Teil erkannt und genutzt wird.

Im Guten wie im Bösen erscheint diese unsere Welt, aus welchem Blickwinkel wir sie auch betrachten mögen, immer mehr wie ein moderner Areopag, aus dem sich der Christ nicht heraushalten darf. Daher kann es im Sinne einer klaren und wirkungsvollen Verkündigung durchaus sinnvoll sein, die Sprache, die sich mittels der neuen Kommunikationsformen strukturiert, zu kennen, zu lernen und, wenn möglich, zu benutzen, wobei die Botschaft, deren Überbringer wir sind, natürlich unverfälscht bestehenbleiben muss. In gewisser Hinsicht ist es unerlässlich, sich mit dieser neuen Welt auseinanderzusetzen, weil sie inzwischen gemeinsam mit den aus ihr erwachsenden Sprachen und Verhaltensweisen unsere Kultur bestimmt.

Die Kommunikationsexperten ihrerseits sollten das kommunikative Potential des Christentums nicht unterschätzen. Im Hinblick auf die Neuevangelisierung heißt das, dass wir imstande sein müssen, die Bedeutung beispielsweise der liturgischen Zeichen verständlich zu machen. Ich denke hier in erster Linie an die suggestive Kraft der liturgischen Sprache. Sie erhält ihre volle Bedeutung nur im Verweis auf das wahrgenommene Mysterium, das sich mit unseren Worten nicht vollständig erklären lässt. Die Fähigkeit, die Bedeutung des Gebets und der liturgischen Gesten mit Bildern und durch den geeigneten Rahmen auszudrücken, ist eine Form der Kommunikation, die für die Neuevangelisierung von allergrößtem Nutzen wäre. Ich beziehe mich hier in besonderer Weise auf die Kraft des Schweigens. In einer Gesellschaft, die so stark von Krach und Lärm geprägt ist wie die unsere und in der man nicht selten einem wahren Bombardement von Neuigkeiten ausgesetzt ist, könnte die Filmkamera einfach nur Bilder ohne Ton ablaufen lassen und dem Verstand des Betrachters auf diese Weise den Zugang zu einer tieferen Schicht der Wirklichkeit ermöglichen. Was für eine kommunikative Kraft verbirgt sich in den Zeichen, und wie dringend brauchen wir darin ausgebildete Gläubige! Einerseits sollten die Priester in der Lage sein, das Mysterium auf ehrfürchtige und stimmige Weise zu vermitteln, ohne zu Eigenmächtigkeiten zu greifen, die aufgrund ihrer typisch klerikalen Willkür Anstoß erregen; und andererseits sollten die Kommunikationsexperten uns mit ihrem Fachwissen helfen, das Heilige und das Mysterium erfahrbar zu machen.

VI Perspektiven

Eine aktuelle Herausforderung

„Einige von euch waren vielleicht überrascht, als sie den Titel dieses Kongresses gelesen haben: *Evangelisierung 1947* … Verfallen wir hier vielleicht nicht ein wenig zu sehr der verbreiteten Manie, alles erneuern zu wollen, wenigstens, was die Worte betrifft? Muss wirklich auch die Evangelisierung dieser Mode unterworfen werden? Ist das Evangelium denn nicht immer dasselbe? Nicht unbedingt. Die Evangelisierung verfolgt immer dasselbe Ziel: Sie zielt darauf ab, dieselbe Wahrheit zu verbreiten, die sich nicht verändert hat und sich niemals verändern wird. Was sich aber vielleicht geändert hat, was sich zwangsläufig geändert hat, das ist die Art und Weise, wie wir diese Botschaft verbreiten. Jahrhundertelang hatte es die Kirche mit einer christlichen Welt zu tun. Ich bin davon überzeugt, dass es auch in den Zeiten, die einmal die christlichen Jahrhunderte hießen, großen, schmerzlichen Mangel und zuweilen Verrat gegeben hat; doch ich weiß auch, dass diejenigen, die sich damals schuldig machten, sich dieser ihrer Schuld deutlich bewusst waren; sie bekannten sich schuldig und suchten in ihrem lebendig gebliebenen Glauben das Geheimnis, um wiederaufzustehen; heute jedoch stehen wir einer heidnischen Welt gegenüber, die alle Christenpflichten en bloc ablehnt, die keinen Glauben sucht, mit Reue nichts anzufangen weiß und uns den auf Kosten der christlichen Tradition geübten Verrat zuweilen gerne als Fortschritt und als Befreiung verkaufen würde. Angesichts dieser Veränderung – und wer würde es wagen, sie zu leugnen? – müsst ihr begreifen, dass die Methoden nicht dieselben bleiben können. Ihr werdet sagen: ‚Ist das nicht übertrieben?' Schaut euch um. Hat die Welt eine fortschreitende Entchristlichung erlebt oder nicht? Es ist sogar schon gesagt worden – und das nicht ganz zu Unrecht –, dass bei vielen Menschen nicht einmal von einer Entchristlichung im eigentlichen Wortsinn die Rede sein könne, weil es sich um Personen handelt, die nie Christen gewesen sind. Die Gründe für diese Entchristlichung sind zahllos."[1] Dies ist ein Ausschnitt aus einer Ansprache, die Kardinal Pierre-Marie Gerlier zum Abschluss eines 1947 abgehaltenen Kongresses zum Thema der Evangelisierung gehalten hat. Seither ist viel Wasser den Bach heruntergeflossen – und doch sind die Worte des Lyoner Kardinals noch immer aktuell: Ihre provokative Kraft ist ungebrochen, und die darin aufgeworfenen Fragen sind bis heute unbeantwortet. Die Entchristlichung selbst allerdings ist inzwischen so offensichtlich, dass diese Feststellung sich beinahe erübrigt, und das betroffene Gebiet geht weit über die Alpen und die Pyrenäen hinaus.

Das Szenario der Kultur

Wir leben in einer Zeit großer Herausforderungen, die das Verhalten ganzer Generationen beträchtlich beeinflussen und damit zusammenhängen, dass die Geschichte der Menschheit aus der einen Epoche heraus- und in die nächste eingetreten ist. Den vielen positiven Aspekten des wissenschaftlichen und technischen Fortschritts und eines immer bewussteren Glaubensengagements zahlreicher Christen stehen oft sowohl Formen der Diskriminierung und sozialen Ausgrenzung, wie wir sie bis vor einigen Jahrzehnten noch nicht gekannt haben, als auch die verschiedensten Ausprägungen einer Glaubensferne gegenüber, die aus einer verbreiteten religiösen Gleichgültigkeit erwächst und früher oder später in einen faktischen Atheismus einmündet. Häufig führt die mangelnde Kenntnis der elementaren Inhalte des Glaubens und der Kultur zur Übernahme von Verhaltensweisen und moralischen Bewertungen, die jenen Prinzipien widersprechen, die die Zivilisation seit mindestens zweitausendfünfhundert Jahren tragen. Der Relativismus, dessen Grenzen und innere Widersprüche Papst Benedikt, gerade weil ihm eine in sich stimmige Anthropologie am Herzen liegt, schon seit langem aufzeigt, entwickelt sich zum charakteristischen Merkmal dieser Jahrzehnte. Unsere Zeit ist mehr und mehr von den Folgen eines Säkularismus gekennzeichnet, der darauf abzielt, den zeitgenössischen Menschen aus seiner grundlegenden Gottesbeziehung zu lösen. So gesehen sind es vor allem Kirchen wie die unseren, mit einer alten Tradition, die unter dieser Situation zu leiden haben; der Mensch wird sich selbst immer fremder, weil er einer inneren Wüste ausgesetzt ist, die in den vorangegangenen Jahrhunderten nicht ihresgleichen hatte.

Es ist also dringend an der Zeit, ein Projekt zu entwerfen, das dem Zweck dient, den Christen als Gläubigen wieder eine Identität zu geben, die durch ihre tragenden Inhalte gestärkt und durch ein tiefes Gefühl der Zugehörigkeit zur Kirche bereichert wird und die den Wert der Gemeinschaft wiederherzustellen vermag. In den zweitausend Jahren des Christentums lässt sich die Aufmerksamkeit der christlichen Gemeinschaft für die Zeit, in der sie lebte, und für den kulturellen Kontext, in dem sie verortet war, kontinuierlich beobachten.

Die Lektüre der Texte der Apologeten, der Kirchenväter und der verschiedenen Lehrer und Heiligen, die im Lauf dieser zweitausend Jahre aufeinander gefolgt sind, würde diese Aufmerksamkeit für die umgebende Welt und den Wunsch, sich darin einzugliedern, um sie zu verstehen und auf die Wahrheit des Evangeliums auszurichten, eindrucksvoll belegen. Diese Aufmerksamkeit gründete sich auf die Überzeugung, dass keine Form der Evangelisierung erfolgreich gewesen wäre, wenn das Wort Gottes nicht im Leben, Denken und Handeln der Menschen Einzug gehalten hätte, um sie zur Umkehr zu bewegen. Eine wirkungsvolle Verkündigung der Frohbotschaft erfordert zwangsläufig in erster Linie den intensiven Kontakt mit dem Wort Gottes, der denjenigen, die es hören, nicht nur die Möglichkeit gibt, ihre Bibelfestigkeit unter Beweis zu stellen, sondern das Evangelium vor allem mit ihrem Leben glaubwürdig zu bezeugen.

Eine erste Überlegung sollte also keinesfalls fehlen, wenn man von Neuevangelisierung spricht, und damit meine ich den tiefgreifenden *kulturellen Wandel,* den wir zur Zeit erleben. Wenn jemand krank ist, gilt es, die richtige Medizin zu finden, denn sonst sind alle Bemühungen vergeblich. Die Krankheit, an der unsere heutige Welt leidet, ist kultureller Natur; deshalb ist es unabdingbar, sie zu diagnostizieren und mit der richtigen Arznei zu bekämpfen; andernfalls werden die pastoralen Initiativen sich zwar womöglich vervielfachen, doch wirkungslos bleiben, weil sie ihr Ziel nicht erreichen. Wer als Kind seiner Zeit in seine Kultur eintaucht, dem fällt es schwer, sich gleichsam von sich selbst zu distanzieren, um die Phänomene zu begreifen, die seinem Denken und Handeln zugrunde liegen. Und so ist es beinahe „natürlich", dass man sich einer solchen Entwicklung anpasst, denn ein abweichendes Verhalten würde rasch ins Abseits des sozialen Kontexts führen. Daher ist es wichtig, den *kulturellen* Raum zu bestimmen, in dem sich die Neuevangelisierung abspielt, ohne sie zu einer nebensächlichen Thematik zu degradieren; das nämlich würde die Wirksamkeit der Verkündigung und der diesbezüglichen Initiativen gefährden, die man vorzuschlagen beabsichtigt. Wir können nicht erwarten, dass die Sprache unseres Glaubens genauso verstanden und angenommen wird wie früher und dass wir nur immer und immer wieder dasselbe sagen müssen. Die Dinge haben sich verändert.

Der Sendungsauftrag der Kirche

Eines möchte ich jedenfalls grundsätzlich klarstellen: Die Kirche evangelisiert nicht, weil sie vor der großen Herausforderung der Säkularisierung steht, sondern weil sie dem Gebot des Herrn gehorchen muss, allen Geschöpfen seine Frohbotschaft zu bringen. In diesem schlichten Gedanken verdichtet sich ein Projekt für die nächsten Jahrzehnte, das mit aller Deutlichkeit zeigt, welche Verantwortung der Kirche Christi in dieser schwierigen historischen Situation obliegt. Die Kirche existiert, um zu allen Zeiten das Evangelium zu allen Menschen aller Regionen zu bringen. Das Gebot Jesu ist derart transparent, dass es keinerlei Missverständnisse oder Ausflüchte zulässt. Alle, die an sein Wort glauben, sind eingeladen, sich auf die Straßen dieser Welt zu begeben, um das verheißene Heil zu verkünden, das nun Wirklichkeit geworden ist. Mit dieser Verkündigung muss ein Lebensstil einhergehen, an dem man die Jünger des Herrn immer und überall erkennt. In gewisser Hinsicht besteht die Evangelisierung sogar genau in diesem charakteristischen Lebensstil all derer, die sich in die Nachfolge Christi begeben.

Man könnte lange darüber diskutieren, was „neue Evangelisierung" bedeutet. Die Frage, ob das Adjektiv das Substantiv bestimmt, ist durchaus nicht unberechtigt, aber ohne Auswirkung auf die Realität. „Neu" sind nicht die Inhalte, sondern die Umstände und die Methoden der Evangelisierung. In seinem Apostolischen Schreiben *Ubicumque et semper* hebt Benedikt XVI. zu Recht hervor, dass er es für ratsam hält, „angemessene Antworten anzubieten, damit sich die ganze Kirche, indem sie sich von der Kraft des Heiligen Geistes neu beleben lässt, der heutigen Welt mit einem missionarischen Elan zeige, um eine neue Evangelisierung zu fördern."

Der eine oder andere könnte aus der Entscheidung für eine neue Evangelisierung schlussfolgern, das pastorale Handeln der Kirche habe in der Vergangenheit womöglich – etwa was seine Sorgfalt oder die Glaubwürdigkeit seiner Akteure betrifft – zu wünschen übriggelassen. An und für sich ist diese Vermutung nicht völlig abwegig, beschränkt sich jedoch auf das isolierte soziologische Phänomen, ohne zu berücksichtigen, dass die Kirche in der Welt Merkmale einer unbeirrbaren Heiligkeit und glaubwürdigen Zeugenschaft aufweist, die Menschen bis auf den heutigen Tag mit ihrem Leben bezahlen. Das Martyrium zahlloser Christen unterscheidet sich nicht von dem, das ihre Brüder und Schwestern im Glauben in den vorangegangenen Jahrhunderten unserer Geschichte erlitten haben, und ist doch *neu*, weil es die Menschen unserer Zeit aus ihrer Gleichgültigkeit herausreißt und zum Nachdenken über den Sinn des Lebens und das Geschenk des Glaubens anregt.

Wenn die Menschen aufhören, nach dem eigentlichen Sinn des Daseins zu suchen und sich auf Pfade begeben, die in einen Urwald vergänglicher Vorschläge führen, ohne zu begreifen, welche Gefahren dort lauern, dann ist es richtig, von einer *neuen* Evangelisierung zu sprechen. Sie präsentiert sich als eine echte Herausforderung, das Leben ernst zu nehmen und auf einen erfüllten und endgültigen Sinn auszurichten, der allein in der Person Jesu von Nazareth anzutreffen ist. Er, der Offenbarer und die historische Offenbarung des Vaters ist das Evangelium, das wir noch heute als Antwort auf die Frage verkündigen, die die Menschen seit jeher umtreibt. Sich in den Dienst des Menschen zu stellen, um nachzuempfinden, welche Sorge ihn bedrängt, und ihm einen Ausweg anzubieten, der ihm Frieden und Freude schenkt – das ist in der Frohbotschaft enthalten, die die Kirche verkündigt.

Neu ist die Evangelisierung also, weil der Kontext neu ist, in dem unsere Zeitgenossen leben und oft zum Spielball kurzlebiger Theorien und Ideologien werden. Meinungsmache ist heute, so paradox dies auch klingen mag, beliebter als die Wahrheitssuche. Die Forderung nach einer neuen Sprache, die die Menschen von heute verstehen, ist unverzichtbar und betrifft vor allem die religiöse Ausdrucksweise, die so spezifisch ist, dass sie oft nicht verstanden wird. Den „Käfig" der Sprache zu öffnen und so eine effizientere und fruchtbarere Kommunikation zu ermöglichen, ist deshalb eine konkrete Voraussetzung für eine wirklich „neue" Evangelisierung.

Wahrheit und Liebe

Ein Thema, mit dem sich die Neuevangelisierung ganz sicher zu befassen hat, berührt die große Frage der *Wahrheit*. Die *Quaestio de veritate* ist kein Relikt aus alter Zeit und auch kein archäologischer Fund, der etwa in die Museen verbannt werden müsste, weil die *Political Correctness* jede Klarheit der Aussage – sei sie nun theologischer oder doktrineller Natur – verbietet und nichts mehr geäußert werden darf, das sich nicht auf die Flachheit oberflächlicher Gemeinplätze und meist nur sehr vager Gefühle reduzieren lässt. Die Wahrheit ist eine *Quaestio*, eine Frage, die sich nach wie vor stellt und dem Urteil der Vernunft unterworfen werden muss, um das persönliche und soziale Leben auch heute noch mit Weisheit zu bereichern.

Eine erste Frage, die es auf jeden Fall zu beantworten gilt, lässt sich wie folgt formulieren: Ist es heutzutage wirklich notwendig, von Wahrheit zu sprechen? Unsere Zeit ist arm, was den Zugang zur Wahrheit betrifft, sie betrachtet die Möglichkeit der Wahrheit mit Unbehagen und wenig zuversichtlich, und die Zeche zahlt vor allem die Religion. Selten erlebt man es, dass der Glaube als eine radikal neue Lebensweise dargestellt wird, die einen Akt der Umkehr erfordert; lieber arrangiert man sich mit einem anonymen Christentum, das alles gelten lässt und niemanden stört. Man zieht es vor, die Unterschiede zu verschweigen, die Konflikte im Dunkeln zu lassen und die Kanten abzuschleifen, kurz: man hat Angst, sich wirklich durch und durch am Problem der Wahrheit zu messen. Wenn die Verkünder des Evangeliums ihre Leidenschaft für die Wahrheit verlören, wäre die Verkündigung bloße Rhetorik und damit leider Gottes bedeutungslos. Deswegen ist es so wichtig, mit *Parrhesia* für den Wert der *Wahrhaftigkeit* oder Wahrheitsliebe einzutreten. Diese hat ein Gesicht: das Gesicht Jesu von Nazareth. Die Worte, mit denen Jesus im Johannesevangelium sein Selbstverständnis als Offenbarer ausdrückt: „Ich bin der Weg und die Wahrheit und das Leben" (Joh 14,6), bleibt die verbindliche Richtschnur unseres Wahrheitsbegriffs.

Will man das Thema „Wahrheit" wieder neu ins Spiel bringen, muss man auch einige andere Fragen behandeln, die eng damit zusammenhängen. Da ist vor allem das Bewusstsein, was für ein *Geschenk* man anzubieten hat. In dieser Hinsicht wäre es interessant zu beobachten, welche Dynamik ein solches Thema vor allem im Hinblick auf das Verhältnis von Wahrheit und Liebe in den Bereich der Pastoral hineinbrächte. In einer Zeit wie der unseren, in der die Liebe einem spektakulären Widerspruch ausgesetzt zu sein scheint, ist es alles andere als überflüssig, sie wieder zur Wahrheit in Beziehung zu setzen, damit dieses Zusammenspiel das alltägliche pastorale Wirken und insbesondere die Jugendpastoral wieder neu bereichern und befruchten kann. Dass die Liebe das Wesen des personalen Lebens in sich birgt, ist eine jener Wahrheiten, die zu den offensichtlichsten zählen.

Es ist nicht einfach zu erklären, wie der Mensch von heute sein Leben so schwer beschädigen konnte, dass er die Liebe auf die Leidenschaft reduzierte und durch einen kaum verhohlenen Egoismus ersetzte. Und es ist traurig zu sehen, dass sich in einigen Fällen Verhaltensweisen etabliert haben, die man mit bloßer Menschenfreundlichkeit verwechseln könnte, so dass unsere Strukturen als Dienstleistungsunternehmen ohne tiefere Beweggründe daherkommen, statt für die ungeschuldete Liebe Zeugnis abzulegen. Nichts ist so sehr wie die Liebe darauf angewiesen, wieder auf ihre tiefere Wahrheit zurückgeführt zu werden, und umgekehrt ist nichts so sehr wie die Wahrheit darauf angewiesen, in der Liebe sichtbar zu werden. So, wie es einen Glauben gibt, der Rechenschaft über sich selbst ablegt, so muss auch die Liebe imstande sein, nach Einsicht zu streben. Das Pauluswort von der „Wahrheit in der Liebe" (vgl. Eph 4,15) macht das Wesen dieser Beziehung deutlich; die Enzyklika Benedikts XVI. schließt in gewisser Hinsicht den Kreis, indem sie die *Caritas in veritate,* die Liebe in der Wahrheit, verkündet. Die Liebe hat ihre Form in der Wahrheit. Anders kann es nicht sein.

Die Kirche hat gerade im Hinblick auf dieses Thema eine tiefe Verantwortung gegenüber der Welt. Man muss nicht nur in der Kenntnis Christi wachsen, sondern auch dafür sorgen, dass die Gläubigen wieder zu der daraus resultierenden Lebensweise zurückfinden. Unser pastorales Handeln sollte ein Wachstum auf dem Weg des Heils begünstigen, das parallel zum Reifungsprozess der einzelnen Personen und ihrer immer tieferen Einwurzelung in der Wahrheit des Glaubens verläuft. Daran erinnert uns der Apostel: „Wir sollen nicht mehr unmündige Kinder sein, ein Spiel der Wellen, hin und her getrieben von jedem Widerstreit der Meinungen, dem Betrug der Menschen ausgeliefert, der Verschlagenheit, die in die Irre führt" (Eph 4,14). Will sagen: Irrtum und Täuschung sind keine Grundlage für ein stabiles Leben und schon gar kein Nährboden für das persönliche Wachstum.

Die Wahrheit steht mithin nicht nur zur Liebe in Beziehung, sondern ist in ihr enthalten und drückt sich als Liebe aus. Demnach bedeutet Wahrheit *in der* Liebe, dass die Liebe über die Art und Weise entscheidet, in der sich die Wahrheit manifestiert. Und das wiederum gibt uns, die wir uns schon längst an die Parzellierung der Wahrheit gewöhnt haben und – so paradox dies auch klingt – mit unseren Theorien nur noch ein Fragment verteidigen, die Möglichkeit, nach dem Ganzen einer Wahrheit zu streben, die in der Liebe bleibt. Nicht in einer sentimentalen und trügerischen Liebe, sondern in einer Liebe, die bereit ist, die Wahrheit des anderen zu akzeptieren, insofern sie darin dasselbe Fundament erkennt, auf das sich auch ihre eigene Wahrheit gründet. Eine Wahrheit in der Liebe ist, kurz gesagt, die eigentliche Herausforderung, vor die dieser epochale Umschwung uns stellt. Sie trägt die Züge eines Miteinanders und einer Offenheit, die jenen wahren Fortschritt herbeiführt, den wir alle in Kirche und Gesellschaft so dringend nötig haben.

Das Sakrament der Beichte

Vor einiger Zeit wurde ein Kandidat in einem sehr beliebten Fernsehquiz gefragt, was mit dem „Sakrament der Versöhnung" gemeint sei. Er sollte sich für eine unter vier vorgeschlagenen Möglichkeiten entscheiden. Da er die Antwort nicht wusste, befragte der Kandidat das Publikum, das in einer anonymen Abstimmung zu 75 Prozent die falsche Antwort gab. Als Theologe sollte ich vom Sakrament der Versöhnung sprechen, doch ziehe ich meinen Lesern zuliebe nach besagter Fernsehsendung den synonymen Begriff der Beichte vor, der im allgemeinen Sprachgebrauch weiter verbreitet und leichter verständlich ist.

Dieses Thema ist nicht etwa ein Exkurs, sondern eng mit dem der Neuevangelisierung verwandt, denn in diesem Sakrament wird das eben Gesagte real spürbar: Die Liebe ist die Wahrheit über die eigene Existenz. Es ist an der Zeit, dass die Pastoral das Sakrament der Beichte und die geistliche Leitung zwar nicht unbedingt ins Zentrum, aber doch wieder an den ihnen gebührenden Platz rückt. In der Versöhnung nämlich fließen mehrere Themen zusammen, die in unserer aktuellen Übergangsepoche von größter Bedeutung sind. Ich denke da zunächst an den Verlust des Schuldbewusstseins, der zum Teil aus dem Verlust des Gefühls der Zugehörigkeit zu einer Gemeinschaft resultiert. Wer keine Gemeinschaft hat, auf die er sich bezieht, für den ist es äußerst schwierig, seine eigene Lebensweise zu begreifen und zu beurteilen. Eingesperrt in seinen Individualismus ist der Mensch von heute nicht mehr in der Lage, Vergleiche zu ziehen, und gibt sich der Illusion hin, dass sein Lebensstil nur von ihm allein abhänge und er keine soziale Verantwortung übernehmen müsse.

Das Sakrament der Beichte bringt den einzelnen dazu, der Wahrheit über sein eigenes Leben ins Auge zu blicken, indem es ihn mit einer Gemeinschaft verbindet, die sich diesem Wert im Guten wie im Bösen verpflichtet fühlt. Das Leben, das aus Idealvorstellungen und Widersprüchen besteht, braucht die Vergebung als Erfahrung von Liebe und Barmherzigkeit. Die Beichte lässt sowohl den einen wie den anderen Aspekt greifbar werden, weil sie es dem Büßer erlaubt, selbst zum Werkzeug der Vergebung zu werden. Eine Gesellschaft wie die unsere, die die Vergebung vergessen zu haben scheint und Reaktionen wie Gewalt, Groll und Rache in wachsender Zahl hervorbringt, braucht Zeugen der Vergebung und Zeichen des Erbarmens.

Dass solche Zeichen dem Menschen auch ohne die unmittelbare Erfahrung, geliebt zu sein und deshalb Vergebung zu erlangen, aufgeprägt werden können, ist hingegen schwer vorstellbar. Die Beichte ist ein wirkungsvolles Mittel, das den Menschen verwandelt. Schließlich darf man auch die Notwendigkeit nicht vergessen, der unbeschönigten Wahrheit über das eigene Leben ins Auge zu sehen. In einer Zeit, in der sich nicht wenige für allmächtig halten und Traum und Realität verwechseln, weil sie glauben, alles sei käuflich oder ausschließlich für sie alleine da, wäre es kein Schaden, sondern im Gegenteil dringend notwendig, sich Rechenschaft darüber zu geben, wer man wirklich ist.

Identität und Zugehörigkeit

Und noch eine Überlegung drängt sich auf. Die Neuevangelisierung verfolgt das Ziel, das Gefühl der persönlichen Identität im Verhältnis zum Gefühl der Zugehörigkeit zu einer Gemeinschaft wachsen zu lassen. Manche Soziologen neigen heute dazu, „Identität" und „Zugehörigkeit" einander gegenüberzustellen, als handele es sich um Gegensätze. Erstere wäre demnach durch den Verweis auf die eigenen Traditionen und paradigmatischen Vorbilder einem gewissen Konservatismus unterworfen; letztere dagegen sei der Inbegriff des Fortschritts, weil sie dazu neige, die Vielfalt der Segmente hervorzuheben, die sich in gemeinsam gefundenen Formen des Zusammenlebens wiedererkennen.

Nichts ist unserer Ansicht nach gefährlicher als diese Gegenüberstellung. Eine Zugehörigkeit ohne Identität könnte sich gar nicht als solche definieren; sie bliebe immer an eine Form der gesellschaftlichen Etikette gebunden, die ihre eigenen Regeln von einer Saison zur nächsten wechselt, ohne dass die Möglichkeit bestünde, ein echtes Gefühl der Gemeinschaft und Beteiligung zu entwickeln.

Vielleicht hilft uns ein etymologischer Hinweis, den Wert der Zugehörigkeit besser zu verstehen. Das deutsche Wort *Zugehörigkeit* hat nämlich tatsächlich etwas mit „zuhören" zu tun. Die Konsequenz leuchtet unmittelbar ein.[2] Zugehörigkeit bedeutet in erster Linie Zuhören; das Zuhören aber ist an eine *Tradition* gebunden, die die kulturelle Errungenschaft eines ererbten Wissens übermittelt. Die Tradition ist eine fortdauernde Sprache, die eben durch das Zugehörigkeitsgefühl der Mitglieder, die die betreffenden Inhalte weitergeben, lebendig gehalten wird. Zugehörigkeit bezeichnet also einen Prozess der Weitergabe, der sich aus der Fähigkeit des Zuhörens speist, um mit Weitblick den neuen Forderungen entgegenzusehen, die in der Welt entstehen. Daraus können sich dann wiederum neue Formen der Zugehörigkeit ergeben, die die Identität nicht verändern, sondern entwickeln, indem sie die Wurzeln unangetastet lassen.

Diese Wechselwirkung zwischen Identität und Zugehörigkeit gibt uns die Möglichkeit, einzuschätzen, wie die Neuevangelisierung wirkungsvoll und fruchtbar sein kann. Ohne eine starke katholische Identität, die das Bewusstsein der eigenen Verantwortung für die Welt stärkt, wird man nicht einmal die Notwendigkeit verstehen, der christlichen Gemeinschaft anzugehören; und umgekehrt wird man ohne ein tiefes Gefühl der Zugehörigkeit zur Kirche keine Identität und damit auch kein Sendungsbewusstsein haben.

Identität und Zugehörigkeit sind entscheidende Voraussetzungen dafür, die Forderung der permanenten Bildung zu verstehen, um die sich die Christen bemühen müssen, damit sie ein immer angemesseneres und ihrer Lebenssituation entsprechendes Wissen über ihren Glauben besitzen. Ein Wissen über die Inhalte des Glaubens, das nicht über das in der Jugend Gelernte hinausgeht, reicht trotz aller Rollen, die man vielleicht in der Zivilgesellschaft übernimmt, nicht aus, um in der Glaubensidentität zu wachsen. Ebenso führt das Fehlen besagter Inhalte häufig dazu, dass das eigene soziale, politische und kulturelle Engagement im Widerspruch zur Kirchenzugehörigkeit steht. Ein Bruch zwischen Identität und Zugehörigkeit ist vermutlich eine der Ursachen, die zur gegenwärtigen Krise beigetragen haben.

Die Katechese

Wenn wir ein Thema wie das der Bildung anschneiden wollen, sollten wir auch über den Zusammenhang zwischen Katechese und Neuevangelisierung nachdenken. Schon ein nur flüchtiger Blick auf die Kirchengeschichte zeigt, dass die Katechese zu den Haupttätigkeiten des Bischofs gehörte. Die Schrift des heiligen Augustinus *De catechizandis rudibus* ist nur eines der zahlreichen Beispiele aus unserer Vergangenheit. Der Diakon Deogratias, der mit der Betreuung der Katechumenen in Karthago betraut ist, schreibt an den Bischof und bittet ihn um Rat, weil er nicht weiß, wie er sich verhalten soll. Die Probleme, die der Diakon dem Bischof anvertraut, sind den Schwierigkeiten unserer Zeit gar nicht so unähnlich. Der heilige Bischof antwortet dem entmutigten Diakon, dass die Katechese sich auf die Heilsgeschichte stützen müsse, wie sie im Wort Gottes offenbart sei, dass aber der Katechet in der Lage sein müsse, seine Sprache und seine Lehre auf jede beliebige Kultur und Person, an die er sich wende, abzustimmen, damit die Möglichkeit des Glaubens allen Menschen aller Länder zuteil werde. Dieser Rat gilt bis heute – das wird allein schon daran deutlich, dass unsere Verkündigung oft ins Leere geht, weil wir noch so weit von der geforderten neuen Sprechweise entfernt sind.

„Den jüngeren Generationen", daran hat Johannes Paul II. erinnert, „sollen die Laien eine systematische Katechese als wertvolle und immer notwendigere Hilfe schenken" (Christifideles laici 34). Diese systematische Katechese ist ein entscheidendes Kapitel im Leben der Kirche, weil sie darauf abzielt, Christen heranzubilden, denen ihre Rolle in der Gemeinschaft und in der Gesellschaft immer deutlicher bewusst wird. Eines der schwerwiegendsten Probleme in der gegenwärtigen historischen Umbruchzeit ist sicherlich die tiefgreifende Unkenntnis der grundlegenden Glaubensinhalte. Die Situation wird um so dramatischer, je weiter das Wissen über den Glauben hinter der naturwissenschaftlichen Bildung zurückbleibt. Zuweilen wird das Erlernen von Glaubensinhalten sogar in den Bereich der Kindheit und Jugend verbannt, und es entsteht die Überzeugung, Katechese sei nichts für Erwachsene. Die christliche Bildung aber ist eine notwendige Voraussetzung für das Wachstum des Glaubens und eine Verantwortung, der sich niemand entziehen darf. Die Katechese bildet also eines dieser Momente und ist wesentlicher Bestandteil der Neuevangelisierung. Sie führt zu einer systematischen Kenntnis der Glaubensgeheimnisse und zu einem immer besseren Verständnis für den Wert des Bekenntnisses. In diesem Zusammenhang ist sie ebenso wichtig wie die Neuevangelisierung selbst. Dazu berufen, über ihren Glauben Rede und Antwort zu stehen, darf die Kirche sich niemals damit zufriedengeben, dass nur ein kleiner Teil ihrer Gläubigen hierzu in der Lage ist.

Auf Bitten der Bischöfe, die 1985 zur Synode zusammengetreten waren, um den 20. Jahrestag des Konzilsendes zu begehen, veröffentlichte Johannes Paul II. den *Katechismus der Katholischen Kirche*. In der Apostolischen Konstitution *Fidei depositum* schrieb er wörtlich, dass „dieser Katechismus einen sehr wichtigen Beitrag zum Werk der Erneuerung des gesamten kirchlichen Lebens leisten [wird], wie es vom Zweiten Vatikanischen Konzil gewollt und eingeleitet wurde. [...] Ich erkenne ihn als gültiges und legitimes Werkzeug im Dienst der kirchlichen Gemeinschaft an, ferner als sichere Norm für die Lehre des Glaubens" (I; IV). Wie man sieht, ist der *Katechismus der Katholischen Kirche* ein wichtiges Werkzeug, weil er das gesamte Erbe des im Lauf von zweitausend Jahren kontinuierlich gewachsenen Glaubensverständnisses umfasst. Die Heilige Schrift, die Kirchenväter, die Lehrmeister der Theologie und Spiritualität, das Vorbild der Heiligen ..., all das ist zu einer harmonischen Synthese zusammengetragen, um uns die Gründe unseres Glaubens begreiflich zu machen. Und nicht nur das. Der Katechismus ist überdies das Produkt einer außergewöhnlichen und gemeinschaftlichen intellektuellen Anstrengung: „die Frucht der Zusammenarbeit des gesamten Episkopates der katholischen Kirche" (Fidei depositum 1).

Als notwendiges Werkzeug der Neuevangelisierung ist der *Katechismus der Katholischen Kirche* vor allem deshalb so wichtig, weil er die Einheit zwischen dem Glaubensakt und den Glaubensinhalten greifbar werden lässt. In unseren Tagen besteht die verbreitete, aber äußerst gefährliche Tendenz, das Christsein unabhängig von der Kenntnis der damit verbundenen Inhalte zu vertreten. Der Glaubensakt aber rechtfertigt sich ja dadurch, dass man weiß, zu welchem Mysterium man sich bekennt. Aufgrund dieses allen gemeinsamen und einheitlichen Wissens ist das Glauben ein freier Akt der Person und keine müde Geste der Zugehörigkeit zu bestimmten Traditionen. Überdies kann der *Katechismus der Katholischen Kirche* der Neuevangelisierung dabei helfen, eine Problematik zu überwinden, die in verschiedenen Kirchen zu beobachten ist: dass sich die Katechese lediglich auf den Sakramentenunterricht beschränkt. Diese Methode stößt heute an ihre Grenzen. Richtet sich die Katechese nur auf die Sakramente, kann es leicht geschehen, dass, wenn die Vorbereitung auf die Sakramente der christlichen Initiation erst einmal durchlaufen ist, die weitere Bildung vernachlässigt wird. Es ist an der Zeit, wieder mit Überzeugung einen beständigen Weg der christlichen Bildung zu beschreiten, der sich – je nach Lebenssituation mit unterschiedlichen Methoden – an alle Gläubigen wendet und das Ziel verfolgt, das christliche Mysterium so zu vermitteln, dass Leben und Glauben miteinander in Einklang gebracht werden können. Auch in dieser Hinsicht ist der *Katechismus der Katholischen Kirche* ein wertvolles Hilfsmittel, denn sein Aufbau veranschaulicht, wie sich das christliche Leben vom Glaubensbekenntnis (Teil I) zur Feier der Liturgie (Teil II) und vom sittlichen Leben (Teil III) zum Gebet (Teil IV) hin zu entwickeln hat – ein beständiges Fortschreiten, dass sowohl die Einheit des Glaubensgeheimnisses als auch die Forderung nach einem christlichen Leben umsetzt, das diesem entspricht.

Eine neue Anthropologie

Und noch ein weiteres wichtiges Thema erwartet uns: die Frage der Anthropologie. Da wir auf den vorangegangenen Seiten herausgestellt haben, dass die Krise in einem veränderten Menschenbild wurzelt, müssen wir nun auch versuchen, daraus folgerichtig einen möglichen Ausweg aus der Krise abzuleiten. Damit die Christen ihren Beitrag zu einer neuen Anthropologie leisten können, bedarf es einer echten Kraftanstrengung. Darauf hat Johannes Paul II. mit großem Weitblick hingewiesen, als er in seiner ersten, programmatischen Enzyklika *Redemptor hominis* schrieb: „Jesus Christus ist der Hauptweg der Kirche. Er selbst ist unser Weg zum Haus des Vaters und ist auch der Zugang zu jedem Menschen. Auf dieser Straße, die von Christus zum Menschen führt, auf der Christus jedem Menschen zur Seite tritt, darf die Kirche sich von niemandem aufhalten lassen. Das fordert das zeitliche wie auch das ewige Heil des Menschen. Wenn die Kirche auf Christus sieht und auf das Geheimnis, welches ihr Leben ausmacht, dann kann sie nicht unempfindlich bleiben für alles, was dem wahren Wohl des Menschen dient, so wie es ihr auch nicht gleichgültig sein kann, wenn dieses bedroht wird. […] Die Kirche darf am Menschen nicht vorbeigehen; denn sein ‚Geschick', das heißt seine Erwählung, seine Berufung, seine Geburt und sein Tod, sein ewiges Heil oder Unheil sind auf so enge und unaufhebbare Weise mit Christus verbunden. Dabei geht es wirklich um jeden Menschen auf diesem Planeten, unserer Erde, […] jeden Menschen in all seiner unwiederholbaren Wirklichkeit im Sein und im Handeln, im Bewusstsein und im Herzen. Der Mensch in seiner Einmaligkeit – weil er ‚Person' ist – hat seine eigene Lebensgeschichte und vor allem eine eigene Geschichte seiner Seele. Von der intentionalen Öffnung seines Geistes und zugleich von den zahlreichen und so verschiedenen Bedürfnissen seines Leibes und seiner irdischen Existenz bestimmt, schreibt der Mensch diese seine persönliche Geschichte durch zahllose Bindungen, Kontakte, Situationen und soziale Strukturen, die ihn mit anderen Menschen verbinden; und dies tut er vom ersten Augenblick seiner irdischen Existenz an, angefangen bei seiner Empfängnis und Geburt. Der Mensch in der vollen Wahrheit seiner

Existenz, seines persönlichen und zugleich gemeinschaftsbezogenen und sozialen Seins – im Bereich der eigenen Familie, auf der Ebene der Gesellschaft und so vieler verschiedener Umgebungen, auf dem Gebiet der eigenen Nation oder des eigenen Volkes oder vielleicht auch nur des eigenen Klans oder Stammes, schließlich auch im Bereich der gesamten Menschheit – dieser Mensch ist der erste Weg, den die Kirche bei der Erfüllung ihres Auftrags beschreiten muss: er ist der erste und grundlegende Weg der Kirche, ein Weg, der von Christus selbst vorgezeichnet ist und unabänderlich durch das Geheimnis der Menschwerdung und der Erlösung führt" (Nr. 13–14). Vor diesem Hintergrund erscheint es notwendig, die nihilistische Sicht der Wirklichkeit zu überwinden und durch einen Sinnhorizont zu ersetzen, der durch das Thema des Menschen bestimmt ist: der Mensch als das Ebenbild Gottes und für Beziehungen offene Person, die aus Liebe und für die Liebe geschaffen ist. Dieser Herausforderung darf die Kirche nicht ausweichen, wenn sie das Werk der Neuevangelisierung in Angriff nehmen will. Vielleicht entsteht der Eindruck, dass diese gigantische Aufgabe die verfügbaren Kräfte übersteigt und mithin utopisch ist. Vielleicht. Wenn aber der Christ nicht in der Gewissheit seines Glaubens davon überzeugt wäre, dass „für Gott nichts unmöglich ist", müsste er ohnehin die Ruder einziehen und resignieren. Doch das Wort „Resignation" kommt im christlichen Wortschatz nicht vor. Der Glaube schenkt uns Mut, denn wir wissen, dass wir sogar mit einem Glauben, der nur so groß ist wie ein Senfkorn, zu einem Berg sagen könnten, er solle wegrücken, und der Berg uns gehorchen würde (vgl. Mt 17,20). Ein schwieriges Projekt kann beängstigend sein, doch wirklich zu bedauern wären wir, wenn wir gar kein Projekt hätten.

Was ich persönlich längerfristig für erforderlich halte, ist ein Humanismusmodell, das geeignet wäre, die nötige Synthese zwischen den Errungenschaften der vorangegangenen Jahrhunderte und der eher naturwissenschaftlich-technisch geprägten Mentalität zu vollziehen, mit der wir heute unsere Gegenwart interpretieren. Ich möchte hier gewissermaßen so etwas wie einen *Neohumanismus* vorschlagen, wobei ich diesen Begriff aufgrund der Bedeutung, die er im Lauf der Jahrhunderte zu Recht erworben hat, ganz bewusst verwende. Der Humanismus war eine entscheidende Etappe unserer kulturellen Entwicklung. Er hat in den Menschen seiner Zeit eine echte Begeisterung geweckt, die alle menschlichen Tätigkeitsbereiche umfasste: Diese Bewegung war so erfolgreich, weil sie mit ihrer Frische den Zeitgeist für sich einnahm und die immer gleichen Probleme auf neue Weise zu deuten vermochte. Der Humanismus war die Fähigkeit, die Veränderungen, die im Gange waren, zu verstehen, und drückte zugleich die Überzeugung aus, die Probleme, die die Menschheit schon immer bedrängten, neu interpretieren und teilweise sogar lösen zu können. Er war keine zersplitterte, sondern eine einheitliche, umfassende Weltsicht, und das nicht zuletzt deshalb, weil er den Menschen in die Mitte des Geschaffenen stellte. Diese kulturelle Strömung, die die Philosophie ebenso einbezog wie die Kunst, die Literatur und die Entdeckung neuer Länder, blendete Gott nicht etwa aus, sondern betrachtete ihn als den Sinnhorizont des persönlichen Suchens und sozialen Lebens. Im Humanismus wurde die Leidenschaft für die in der Vergangenheit gewonnene Wahrheit zu einem echten Motor einer starken und überaus kreativen Kultur, in der sich jeder dafür verantwortlich fühlte, das errungene Wissen zu bewahren und neu zu deuten.

Diesen Humanismus wiederzubeleben ist unsere gemeinsame Aufgabe und nichts, was eine Seite alleine bewältigen könnte. Wir Katholiken wollen, nicht anders als in den vergangenen Jahrhunderten, gerne unseren besonderen Beitrag leisten. Das Schicksal der Völker und der einzelnen liegt uns am Herzen, weil unsere Geschichte uns zu „Experten in Sachen Menschlichkeit" gemacht hat. Das Evangelium, das wir von einer Generation zur nächsten weiterreichen, ist die Proklamation einer neuen Lebensweise, die dem Menschen helfen will, seine größte Angst zu überwinden: die Angst vor dem Tod als der Auslöschung seiner selbst. Niemand soll die Kirche fürchten, auch nicht die, die sie aus zweiter Hand, aus der Ferne und nicht selten auf der Grundlage irriger Vorurteile (vermeintlich) kennen. Gewiss, im Lauf unserer Geschichte haben einige Fehler begangen, und wir alle fühlen uns dafür verantwortlich. Doch die Kirche kann nicht mit dem Handeln einzelner identifiziert werden. Sie überschreitet die von konventionellen Übereinkünften festgelegten Grenzen und erschöpft sich nicht in fragmentarischen Einzelaktionen; die Kirche setzt die wirksame Gegenwart des auferstandenen Christus in der Geschichte jeder Epoche fort, um Werkzeug „für die Einheit der ganzen Menschheit" zu sein (Lumen gentium 1).

Vielleicht liegen jemandem die Errungenschaften der Moderne besonders am Herzen und er fürchtet oder sorgt sich, dass unser Handeln darauf abzielt, diese zu zerstören. Nichts könnte falscher sein. Wir haben nicht die geringste Absicht, die wirklichen Leistungen der vergangenen Jahrhunderte zu zerstören; wir könnten das gar nicht tun, wir wären nicht dazu in der Lage, und wir können eine jahrhundertelange Geschichte nicht einfach ungeschehen machen. Wenn die Welt von heute den

Reichtum des philosophischen, literarischen, künstlerischen und juristischen Erbes der griechischen und römischen Antike kennt, verdankt sie das uns Christen. Von unserer Vorstellung einer lebendigen Tradition beseelt, sehen wir unseren Daseinszweck unter anderem darin, das, was die Weisheit der Menschen vollbracht hat, nicht etwa zu zerstören, sondern zu bewahren; wir fühlen uns allenfalls verantwortlich, es von den Verkrustungen zu reinigen, die die unvermeidliche Widersprüchlichkeit alles Menschlichen so häufig mit sich bringt. Überdies kann niemand leugnen, dass die zentralen Werte unserer Gesellschaften, die sich mit der Zeit durchgesetzt haben, im Christentum wurzeln. Errungenschaften wie Laizität, Freiheit, Gleichheit, die Grundrechte der Person ..., all das hätte sicherlich kein so glückliches Ende genommen, wenn es nicht von Begriffen wie „Person", „Würde" oder „Streben nach dem Gemeinwohl" gestützt worden wäre, die Angelpunkte unserer Gesellschaftslehre sind.

Die zentrale Rolle des Subjekts, die die Moderne zu ihrem Fundament gemacht hat, vermag uns dagegen nicht zu beeindrucken, im Gegenteil: sie spornt uns nur dazu an, zu jeder Zeit immer neue Kategorien ausfindig zu machen, die zeigen, dass eine Anthropologie nur dann stimmig ist, wenn sie sich zur Transzendenz hin öffnet und Gott, das tragfähige Fundament jeder echten Freiheit, in sich aufzunehmen vermag. Analog dazu hat auch der Begriff der Vergebung als Ausdruck einer Liebe, die über jede Kränkung hinwegzusehen vermag, ganze Generationen von Völkern geprägt und zu einer tieferen Brüderlichkeit und Solidarität beigetragen.

Das Verständnis der Ehe, die das Christentum als einzigartige Beziehung in wechselseitiger Liebe deutet, hat der willkürlichen Demütigung wehrloser Frauen ein

Ende gesetzt, für Gerechtigkeit gesorgt und die Beziehung zwischen den Personen zu einem kraftvollen Bindemittel im sozialen Gefüge werden lassen. Und leitet sich nicht das Streben nach dem Gemeinwohl im Respekt vor der Würde einer jeden Person direkt vom Personbegriff selbst ab, den das Christentum seit dem 4. Jahrhundert als seinen Beitrag zum Erbe der Menschheit entwickelt hat? Die Achtung vor dem Leben – insbesondere dem unschuldigen, schwachen und schutzlosen – ist ein weiteres Zeichen für die Präsenz des Christentums im sozialen Gefüge und hat in den Bereichen der Versorgung, Solidarität und Subsidiarität außerordentliche Erkenntnisse hervorgebracht, die noch heute Fixpunkte für die Gesellschaft darstellen.

Ebenso ist darauf hinzuweisen, dass die Verteidiger der Vernunft in uns treue und loyale Bundesgenossen finden; ein starker Glaube, der mit einer Schwächung der Vernunft einhergeht, ist für uns undenkbar. Wir befürworten eine starke Vernunft, die gerade deshalb Grundlage eines freien Glaubens sein kann, weil dieser die Frucht einer vernünftigen Entscheidung im Angesicht der Wahrheit ist. Auch das rechte Verhältnis zwischen Vernunft und Glauben basiert auf dem christlichen Denken, das die Vernunft niemals hat demütigen, sondern stets zu seiner unentbehrlichen Weggefährtin hat machen wollen. In einer Phänomenologie der Weltreligionen wird man schwerlich ein Verhältnis zwischen diesen beiden Komponenten finden, das so ausgewogen wäre wie im Christentum.

Für unsere Tradition ist die *Fides quaerens intellectum* unabdingbare Voraussetzung dafür, jeden Mann und jede Frau in jedem Winkel der Welt zu erreichen. Die Rationalität ist für uns das gemeinsame Kriterium, auf dem die grundsätzliche Gleichheit der Personen beruht. Auf der Basis dieser positiven Beziehung zur Vernunft lassen sich Konflikte und alle Arten von Fundamentalismus, unter denen die Welt leidet, vermeiden. Der Fundamentalismus nämlich ist Ausdruck einer fragmentarischen Wahrheit, die verabsolutiert wird, ohne den Beitrag der anderen zu berücksichtigen; diese werden unter dem Vorwand, die eigene Wahrheit sei überlegen, ausgeschlossen. Für uns ist die Wahrheit auf dem Weg der Offenbarung gegeben, aber mit der Menschwerdung des Gottessohnes in die Geschichte eingetreten und damit unweigerlich bis zum Ende der Zeiten dem Gesetz ihres kontinuierlichen und dynamischen Weges der Interpretation und Umsetzung unterworfen.

Im übrigen ist es gerade die Vorstellung von der Heilsbedeutung der Wahrheit, die es den Christen ermöglicht hat, sie nicht zu einer Ware, deren Preis sich je nach Marktsituation ändern kann, sondern zu einer allgemeinen Errungenschaft zu machen. Daran erinnert uns mit besonderem Nachdruck Johannes Paul II., wenn er in der Enzyklika *Fides et ratio* schreibt: „Das erscheint heute noch klarer, wenn man an jenen Beitrag des Christentums denkt, der in der Bestätigung des Rechtes aller auf Zugang zur Wahrheit besteht. Das Christentum hatte nach dem Niederreißen der durch Rasse, sozialen Stand und Geschlecht bedingten Schranken von Anfang an die Gleichheit aller Menschen vor Gott verkündet. Die erste Konsequenz dieser Auffassung wandte man auf das Thema Wahrheit an. Der elitäre Charakter, den die Wahrheitssuche bei den Alten hatte, wurde mit Entschlossenheit überwunden: Da der Zugang zur Wahrheit ein Gut ist, das es ermöglicht, zu Gott zu gelangen, müssen alle in der Lage sein, diesen Weg gehen zu können. Die Wege, um die Wahrheit zu erreichen, sind vielfältig; dennoch kann, da die christliche Wahrheit Heilswert besitzt, jeder dieser Wege nur dann eingeschlagen werden, wenn er zum letzten Ziel, das heißt zur Offenbarung Jesu Christi, führt" (Nr. 38).

VII Neue Boten des Evangeliums

Die gemeinsame Berufung

Neuevangelisierung ist nur mit neuen Boten des Evangeliums möglich. Das ist keine Tautologie, sondern eine Tatsache, die dennoch nicht als selbstverständlich gelten kann. Im Brief des heiligen Paulus an die Römer steht geschrieben: „Denn jeder, der den Namen des Herrn anruft, wird gerettet werden. Wie sollen sie nun den anrufen, an den sie nicht glauben? Wie sollen sie an den glauben, von dem sie nichts gehört haben? Wie sollen sie hören, wenn niemand verkündigt? Wie soll aber jemand verkündigen, wenn er nicht gesandt ist? Darum heißt es in der Schrift: Wie sind die Freudenboten willkommen, die Gutes verkündigen!" (Röm 10,13–15).

Wie man sieht, vermittelt der Brief in erster Linie die Vorstellung, dass zwischen der Notwendigkeit, den Herrn anzurufen und an ihn zu glauben, und dem Auftrag, ihn zu verkündigen, damit alle an ihn glauben können, ein Zusammenhang besteht. Am Anfang dieses Auftrags steht der Ruf; er erstreckt sich von der Anrufung bis hin zur Sendung, weil er anerkennt, dass Jesus Herr über alles und alle ist. Bote des Evangeliums zu sein ist also eine Berufung mit dem Ziel, dass alle das Evangelium Jesu hören, an ihn glauben und ihn anrufen können. Diese Berufung beginnt mit der Taufe und lädt jeden Christgläubigen ein, glaubwürdiger Überbringer der in Jesu Lehre enthaltenen

Frohbotschaft zu sein. Die Sendung ist also wesentlicher Bestandteil der Taufberufung; sie bringt für jeden Christen eine Verantwortung mit sich, die nur er persönlich übernehmen und die er nicht delegieren kann. Die Verkündigung des Evangeliums ist nicht übertragbar, sondern setzt voraus, dass der einzelne Gläubige sich bewusst dafür entscheidet, ein Christusträger zu sein, wo auch immer er hingeht. Diese Überzeugung ist schon in den ältesten Schriften belegt; der heilige Cyrill, Bischof von Jerusalem, sagte in seinen Katechesen: „Da wir seinen Leib und sein Blut in uns empfangen haben, verwandeln wir uns in Christusträger." Der Christ ist also von Natur aus ein *Christophorus,* und nur so ist auch das Herrenwort zu verstehen: „Nehmt mein Joch auf euch und lernt von mir; denn ich bin gütig und von Herzen demütig; so werdet ihr Ruhe finden für eure Seele. Denn mein Joch drückt nicht, und meine Last ist leicht" (Mt 11,29–30). Das Joch, auf das Jesus anspielt, ist nichts anderes als die Einladung, sein Jünger zu werden und sein Leben zu teilen, das heißt, an seiner Heilsmission teilzunehmen.

Ein einziges Priestertum

Man darf nicht vergessen, dass es innerhalb der Kirche verschiedene Dienste gibt. Diese gründen sich zwar auf den gemeinsamen Auftrag der Verkündigung und Zeugenschaft, werden aber je nach der persönlichen Berufung jedes einzelnen auf unterschiedliche Weise gelebt und ausgeübt. Der erste Bote des Evangeliums ist sicherlich der Bischof. Als Nachfolger der Apostel ist ihm der Auftrag anvertraut, als lebendige Ikone einer mutigen und energischen Verkündigung in der Welt zu leben. Er kann nicht stumm bleiben; seine Erfahrung des Auferstandenen verpflichtet ihn zum Zeugnis. „Wir können unmöglich schweigen" (Apg 4,20), sagt Petrus nach dem Pfingstereignis, obwohl die Anführer des Volkes sie unter Androhung von Gewalt dazu zu zwingen versuchen, und diese Worte sollten wie ein pastoraler Imperativ, dem wir uns unmöglich entziehen können, unser ganzes Leben durchdringen. Nicht immer sind die Schwierigkeiten bekannt, die aus einem solchen Schweigen erwachsen; hier können uns die Worte des heiligen Bischofs von Hippo, Augustinus, zu Hilfe kommen, der im Zusammenhang eben mit seinem Bischofsamt Folgendes schreibt: „Zwar bekümmert mich immer die Sorge um mein hohes Amt, weil meinen Schultern diese Bürde, über die man nur schwer Rechenschaft ablegen kann, auferlegt worden ist. [...] Was aber wird in diesem Amt gescheut, wenn nicht, dass uns mehr gefallen könnte, was in unserem hohen Amt gefährlich ist, als dass es zu eurem Heil fruchtbar wäre? [...] Wo mich schreckt, was ich für euch bin, tröstet mich, was ich mit euch bin. Für euch bin ich nämlich Bischof, mit euch bin ich Christ. Jener ist der Name des empfangenen Amtes, dieser der Gnade; jener der Gefahr, dieser des Heiles. Schließlich werden wir wie in einem großen Meer durch den Sturm jener Tätigkeit umhergeworfen. Aber indem wir uns erneut ins Gedächtnis rufen, durch wessen Blut wir erlöst worden sind, treten wir durch die Ruhe dieses Gedankens wie in einen Hafen der Sicherheit ein. Und indem wir uns in diesem uns eigenen Amt mühen, ruhen wir in der gemeinsamen Wohltat. *Was soll ich dem Herrn für all das vergelten, was er mir Gutes getan hat* (Ps 115,12)? Wenn ich sagen wollte, ich vergelte das, weil ich seine Schafe weide, tue auch das *nicht ich, sondern die Gnade Gottes mit mir* (1 Kor 15,10). [...] Daher bitten wir auch euch, meine Brüder, und legen euch ans Herz, nicht vergeblich die Gnade Gottes zu empfangen. Macht unseren Dienst fruchtbar. Ihr seid Gottes Acker (1 Kor 3,9): äußerlich nehmt den Pflanzer und Bewässerer an, innerlich aber den, der Wachstum verleiht. [...] Helft uns mit Gebet und Willfährigkeit, damit uns nicht so sehr freut, euch vorzustehen als euch zu nützen."1 Kein Bischof also darf vergessen, dass er im Moment seiner Weihe vor der gesamten Kirche versprochen und erklärt hat, „das Evangelium treu und unermüdlich zu verkünden" und „das von den Aposteln überlieferte Glaubensgut der Kirche rein und unverkürzt weiterzugeben".

Die Evangelisierungssendung des Bischofs teilen und tragen auch die Priester, die gemeinsam mit ihm das *Unum presbyterium*, das heißt eine einzige Priesterschaft bilden, die sich in den Dienst des Gottesvolkes stellt, um zugleich mit der Feier der liturgischen Handlung sein Wort zu verkündigen und lebendig zu erhalten. In diesem Zusammenhang gibt es eine interessante Äußerung von Benedikt XVI., der in einer Predigt während seines Zypernbesuchs im Juni 2010 folgendes gesagt hat: „Am Ende dieses Priesterjahrs hat die Kirche ein erneuertes Bewusstsein für die Notwendigkeit guter, heiliger und solide ausgebildeter Priester erlangt. Sie braucht Ordensmänner und Ordensfrauen, die sich ganz für Christus und die Ausbreitung des Gottesreiches auf Erden hingeben. Unser Herr hat verheißen, dass, wer sein Leben in seiner Nachfolge hingibt, es bewahren wird bis ins ewige Leben (vgl. Joh 12,25)."

Drei Formulierungen sind für unser Thema besonders wichtig. Die Kirche, sagt der Heilige Vater, braucht „gute, heilige und solide ausgebildete Priester", die, so fügt er hinzu, „sich ganz für Christus" und „für die Ausbreitung des Gottesreiches auf Erden hingeben". In diesen notwendigen Bestandteilen verdichtet sich gewissermaßen eine Theologie des Priestertums für die Neuevangelisierung unserer Zeit. Würde man diese Aussagen gründlich analysieren, könnte man die Identität des Priesters für die gegenwärtige Welt über seinen Sendungsauftrag definieren, immer, überall und trotz allem das Evangelium zu verkündigen. Unter anderem besteht seine Aufgabe darin, die Hindernisse vorherzusehen, die sich ihm im Lauf seines priesterlichen Lebens in den Weg stellen werden, damit er ihre Wirkung einschätzen und in der rechten Weise darauf reagieren kann.

Wenn man von pastoralen Herausforderungen spricht, denkt man sofort an die Herausforderungen dieser Welt. Doch das ist nur ein Teil der Wahrheit. Die primären Fragestellungen, die der Priester erkennen und auf die er eine Antwort finden muss, kommen aus dem Inneren der Kirche und unseres Priesterseins selbst. Je besser wir diese Herausforderungen annehmen und uns zu eigen machen können, desto besser werden wir imstande sein, jene Fragen richtig zu dimensionieren, vor die die Welt uns stellt und die in der Gegenwartskultur immer drängender werden, weil sich darin große Veränderungen ausdrücken, die unseren Beitrag erfordern.

Die erste Herausforderung besteht darin, die Bedeutung des Priestertums in der Welt von heute zu überdenken, um die Tragweite dieser Berufung voll und ganz zu erfassen. Das Priestertum ist nämlich keine menschliche Errungenschaft und auch kein individuelles Recht, wie heute viele glauben, sondern ein *Geschenk,* das Gott uns mittels derer macht, die er in den „Dienst an seiner Kirche" hat „rufen" wollen, um „bei ihm zu bleiben". Diese Dimension der Berufung aus den Augen zu verlieren hieße, das Priestertum von Grund auf misszuverstehen und den Priester als Angestellten und nicht als einen Mann zu betrachten, der sein Dienstamt im Zeichen ungeschuldeter Gnadenhaftigkeit verrichtet. Die letztgenannte Betrachtungsweise dagegen erlaubt es uns, den Priester vor allem zu jener Wirklichkeit in Beziehung zu setzen, die seinem Stand erst Sinn gibt: der Eucharistie. Die eigentliche Herausforderung besteht nämlich gerade darin, sich selbst in Bezug auf das Mysterium zu begreifen, dessen feierlicher Vollzug jeden Priester zu einem Diener Christi macht. Die Eucharistie bleibt als unauslöschliches Geschenk, das der Kirche und jedem Priester persönlich zuteil geworden ist; sie verlangt Ehrfurcht und Andacht, und niemand darf sich zum Herrn über dieses Mysterium aufschwingen, dessen Diener er in Wirklichkeit ist. Der Priester darf in seinem Dienst nicht die eigene Person und Meinung, sondern muss Jesus Christus an die erste Stelle stellen. Würde der Priester zum Protagonist der liturgischen Handlung, die unverwechselbarer Bestandteil seines Dienstamts ist, widerspräche dies seiner eigentlichen Identität und dem Wesen seines Dienstes. Der Priester ist „Diener" und vermag nur insofern zu wirken, als er auf Christus verweist und als fügsames Werkzeug in seinen Händen und Mitarbeiter des Heils wahrgenommen wird.

Wer in dieser Weise aus dem eucharistischen Geheimnis lebt, vermag auch eine weitere Herausforderung anzunehmen, die ihn dazu zwingt, sich mit dem von der heutigen Welt so nachdrücklich verfochtenen Individualismus auseinanderzusetzen: die *Communio,* zu der die Priester als Mitbrüder innerhalb einer einzigen, großen Gemeinschaft berufen sind. Eine einzige Priesterschaft um den Bischof herum zu bilden heißt auch, aus einer wahrhaftigen und echten Liebe heraus zu leben, die sich nach dem Beispiel des Meisters in restloser und uneigennütziger Ganzhingabe erfüllt; es bedeutet, alles aufzugeben, um gemeinsam mit dem Herrn in einer zölibatären Liebe zu leben, die die Bedürftigen und Einsamen erkennt und auf alle zugeht. Diese Gemeinschaft, zu der die Priester berufen sind, bringt uns wieder zu unserem vorherigen Thema zurück; sie ist in erster Linie Gemeinschaft mit dem „Leib Christi". Das *Leben*, um diesen so prägnanten johanneischen Ausdruck zu verwenden (1 Joh 1,2), ist sichtbar geworden und hat sich im Zeichen des eucharistischen Brotes in unsere Hände gegeben. Somit werden die Priester fähig, Dinge zu tun, die über ihre eigene, persönliche Existenz hinausgehen, weil sie in *persona Christi capitis,* in der Person des Hauptes Christus handeln. Mit anderen Worten: jeder Priester muss, in dem unerschütterlichen Bewusstsein, Christus als Gewand „angelegt" zu haben, zu einem neuen Lebensstil fähig sein und so sehr für einen Anderen leben können, dass dieser Andere im Leben des Priesters für alle sichtbar wird.

Der Priester, der auf die Eucharistie blickt, findet in ihr das Fundament seines gesamten Daseins, den Sinn seines Dienstamts und die Gewissheit seiner Berufung. Sich vom Leib und Blut Christi zu nähren bedeutet für ihn, eine so unauflösliche Einheit, einen „einzigen Leib" mit dem Herrn zu bilden, dass er an keinem anderen heiligen Tisch teilhaben und seinen eigenen Leib auch nicht mit anderen teilen kann. „Wer sich dagegen an den Herrn bindet, ist ein Geist mit ihm. [...] Ihr aber seid der Leib Christi, und jeder Einzelne ist ein Glied an ihm" (1 Kor 6,17; 12,27). Paulus hätte keine stärkeren Worte finden können, um eine elementare Einheit zum Ausdruck zu bringen, die das Fundament des christlichen Daseins und *a fortiori* des priesterlichen Dienstamts bildet. Diese Selbstentäußerung und Einswerdung mit dem Leib Christi ist im Sakrament der Eucharistie versinnbildlicht. Das erklärt nicht minder nachdrücklich der heilige Augustinus, wenn er schreibt: „Wenn ihr also Leib und Glieder Christi seid, dann liegt euer Geheimnis auf dem Tisch des Herrn: Euer Geheimnis empfangt ihr."[2] Will sagen, in der Eucharistie feiern wir den Sinn des priesterlichen Lebens.

Das Geheimnis der priesterlichen Berufung wird verständlicher, wenn wir es im größeren Geheimnis des eucharistischen Christus verorten. Dann nämlich erkennen wir, dass die Berufung Zeichen für einen lebenslangen Dienst ist, der darin besteht, sich selbst zu vergessen, um sich in Christi Namen für die Mitmenschen hinzugeben. Wie ein Echo, das die Jahrhunderte überdauert, kommen uns die Worte des heiligen Bischofs Ignatius von Antiochien in den Sinn: „Bemühet euch, nur eine Eucharistie zu feiern; denn es ist nur ein Fleisch unseres Herrn Jesu Christi und nur ein Kelch zur Einigung mit seinem Blute, nur ein Altar, wie nur ein Bischof ist in Verbindung mit dem Presbyterium und (den) Diakonen, meinen Mitknechten, auf dass, was immer ihr tuet, ihr tuet gemäß dem Willen Gottes."[3]

Ein weiterer Text von Benedikt XVI. führt uns noch tiefer in diese Überlegungen hinein: „Diese Kühnheit Gottes, der sich Menschen anvertraut, Menschen zutraut, für ihn zu handeln und da zu sein, obwohl er unsere Schwächen kennt – die ist das wirklich Große, das sich im Wort Priestertum verbirgt. Dass Gott uns dies zutraut, dass er Menschen so in seinen Dienst ruft und so sich ihnen von innen her verbindet"[4].

Diese Worte lassen uns die Situation des Priesters in der heutigen Welt besser begreifen. Der Priester ist Zeichen der Kühnheit Gottes, der es für möglich hält, dass ein Mensch in all seiner Schwäche fähig sein könnte, in der

Geschichte der Menschen zu einer Ikone der Gottesgegenwart zu werden. Mit dieser Kühnheit geht das Vertrauen einher, das Gott in den Priester setzt, das Vertrauen darauf, dass dieser trotz all seiner Widersprüchlichkeit das Leben der Menschen wirklich zu verändern vermag. Wenn man ernsthaft darüber nachdenkt, dann ahnt man die anthropologische Bedeutung, die sich in der Person und Berufung des Priesters verbirgt. Dies ist eine echte Herausforderung im Hinblick auf die Schaffung einer neuen Anthropologie, die auf die große Frage unserer Zeit zu antworten vermag: die Frage nämlich, wie sich die Wahrheit über das eigene Selbst mit einer Wahlfreiheit vereinbaren lässt, die zur Selbstverwirklichung führt.

Eines der Hauptmerkmale der Kultur, mit der wir uns heute auseinandersetzen müssen, ist zweifellos die Freiheit. Sie präsentiert sich als einer der Grundpfeiler des modernen Denkens und als Fundament von Rechten, die viele heute im Namen ihrer Würde als unveräußerlich beanspruchen. Eine von der Wahrheit getrennte Freiheit wäre jedoch kurzlebig und würde allzuleicht der Versuchung erliegen, sich als das Recht des Stärkeren und Anmaßenderen gegenüber dem Schwächeren auszudrücken, der keine Stimme hat.

Wer den Menschen heute vermitteln will, dass die Freiheit des einzelnen sich auch in der Entscheidung ausdrücken kann, dem Herrn im kirchlichen Dienst sein Leben zu weihen, muss sich auf die Wahrheit als den Horizont eines sinnvollen und erfüllten Daseins beziehen. Deshalb bedarf es einer neuen Anthropologie, in der auch die priesterliche Entscheidung als Ausdruck einer echten, weil mit der Wahrheit verknüpften Freiheit ihren Platz hat. Es geht also im Grunde darum, das Prinzip zu untermauern, wonach eine Person in dem Moment wirklich sie selbst ist, in dem sie dem Heilsplan entspricht, den Gott für jeden von uns gewollt hat. Wer sein Leben so ausrichtet, dass es sowohl der Wahrheit als auch der Freiheit gerecht wird, wird in seinem Alltag immer wieder eine Ebene entdecken, die sich nicht auf die individuelle Existenz beschränkt, sondern über sich selbst hinaus auf eine persönliche Beziehung zu Gott verweist: einem Gott, der sich auf den konkreten Menschen verlässt und diesem eine Aufgabe anvertraut, die ebenso groß wie ohne göttliche Berufung unerfüllbar ist.

An diesem Punkt kann man vielleicht ermessen, was es bedeutet, dass Gott die „Kühnheit" besitzt, einen Priester auszuwählen, um sein Evangelium lebendig zu erhalten und den Menschen die Gelegenheit zu einer echten und wirklichen Gottesbeziehung zu geben. Kühnheit nämlich meint, dass Gott sich nicht scheut, einem Menschen eine so entscheidende Mission anzuvertrauen. Ihm ist durchaus bewusst, dass er ein großes Risiko eingeht, wenn er gerade diese Person auswählt; und doch bleibt er dabei. Er gibt jedem Priester den Mut, eine außergewöhnliche Aufgabe zu übernehmen: das Leben eines Menschen zuinnerst zu verwandeln.

Um die Größe des Priestertums zu ermessen, muss man sich nur einmal vor Augen halten, welche Zeichen er vollbringt. In dem Moment, da er über dem Haupt des Büßers, der seine Sünden beichtet, das Kreuzzeichen macht, spricht er ihn nicht nur im Namen Gottes von seiner Schuld los, sondern verwandelt sein Dasein dergestalt, dass er ihm die Rückkehr in seine Beziehung zu Gott und in die Gemeinschaft der Kirche ermöglicht. Dasselbe geschieht, wenn er die Hände über Brot und Wein ausbreitet und die Worte spricht, die Jesus selbst beim Letzten Abendmahl gesprochen hat; jeder Priester verwandelt Brot und Wein wirklich in den Leib und das Blut Christi. Das kann durch niemand anderen geschehen, sondern nur, wenn ein Priester die Hände ausbreitet und jene Worte spricht. Ja, er hat die Macht, die Welt zu verändern, denn indem er das Leben der Menschen verwandelt, befähigt er sie, überall als glaubhafte Zeugen des Evangeliums Christi zu leben – und das ist in der Tat ein Handeln, das die Gesellschaft und die Welt verändert.

Der Priester ist mithin in der Lage, den Menschen seiner Zeit zur Seite zu stehen, um ihnen die Gewissheit der Gegenwart und Nähe Gottes zu schenken. Er wird selbst zum Zeichen dieser Gewissheit, damit niemand betrogen werden kann, wenn er sich an Gott wendet. Denn wie soll man sicher sein, dass man Gott im Gebet wirklich erreicht? Wie kann man zu ihm in Beziehung treten, wenn er doch der Transzendente und dreimal Heilige ist? Ist ein Leben der Liebe zwischen Gott und Mensch wirklich möglich? Diese Fragen sind nicht neu und werden gestellt, seit es Menschen gibt. Im übrigen werden auch die Einwände von Freud oder von Marx heute in anderer Formulierung wieder aufgegriffen, wenn man vom Glauben und vom Gebet als von einer „unnötigen Hypothese", dem „Ergebnis einer Psychose" oder einem „Weg der Entfremdung" sprechen hört.

Eine überzeugende Antwort auf solche Fragen gibt uns der Hebräerbrief. Der biblische Verfasser vertritt die Ansicht, um sich Gott zu nähern, müsse man ihm eine aufrichtige Verehrung entgegenbringen, und diese sei nicht möglich ohne die Beteiligung eines Priesters, der dieses Namens würdig ist. Was macht ihn würdig? Vor allem muss er „Gott wohlgefällig" und „in seiner Gegenwart zugelassen" sein; außerdem müsse er in Solidarität mit denjenigen leben, die er vor Gott vertritt. „Keiner", darauf weist Paulus uns hin, „nimmt sich eigenmächtig diese Würde, sondern er wird von Gott berufen" (5,4).

Das Thema der Berufung und ihrer Gnadenhaftigkeit bleibt in der ganzen Kraft und Prägnanz seiner Bedeutung aktuell. Wie Christus, der „Hohepriester", ist auch jeder Priester nach ihm dazu berufen, die Zugehörigkeit zu Gott und die Solidarität mit den Menschen miteinander zu vereinbaren. Beide Aspekte müssen untrennbar verschmelzen. Wäre das priesterliche Leben nur auf Gott bezogen, könnte es nicht mit den Menschen kommunizieren; wäre der Blick umgekehrt nur auf die Solidarität mit den Menschen gerichtet, könnte es diesen nichts über Gott mitteilen.

In einer Zeit wie der unseren, die oft von den unterschiedlichsten gesellschaftlichen, politischen, wirtschaftlichen und finanziellen Konflikten zerrissen wird und Enttäuschung, Leid und Verwirrung erfährt, ist es nicht überraschend, dass der Priester versucht ist, sich für die eine oder die andere Straße zu entscheiden. Für seinen Evangelisierungsauftrag aber wäre das fatal. Denn gerade in solchen Momenten ist es möglich, dass sich der Weg auf die Spiritualität und auf Gott hin öffnet. Die Einladung, intensiver nach Gott und dem spirituellen Leben zu suchen, darf den Priester nicht unvorbereitet treffen. All das wird ihm um so eher zuteil werden, je treuer er seinen Dienst verrichtet.

Der Wert der Kühnheit kommt hier noch einmal in seiner ganzen Tragweite ins Spiel. Ein Beispiel bietet uns Bernanos' *Tagebuch eines Landpfarrers*. Es erneut zu lesen gibt uns nicht nur die Gelegenheit zu einer ernsthaften Gewissenserforschung, sondern lässt uns auch Mut fassen, weil seine Schlussfolgerung die Wirklichkeit des Priesterlebens auf den Punkt bringt: „Alles ist Gnade."

Interessanterweise hat der Landpfarrer keinen Namen. Im Verlauf des Buches erfahren wir nach und nach die Namen all derer, an die sich sein pastorales Handeln richtet: der Menschen, die er besucht, und der Priester, die er trifft, der angrenzenden Pfarreien und der Nachbardörfer, kurz: wir erfahren alles außer dem Namen des Pfarrers. Er hat keinen Namen, weil sein Gesicht das Gesicht jedes Priesters und an allen Orten der Welt gleich ist. Dabei geht es nicht darum, seine Persönlichkeit auszulöschen, im Gegenteil. Sein Charakter wird genau beschrieben: seine Art zu denken und zu handeln, seine alltäglichen Überlegungen, seine Freude an einer Motorradfahrt und die anfallartigen Schmerzen, die ihn schließlich töten werden ... Er ist kein Fremder. Dass er keinen Namen hat, macht ihn zu einer Stilikone des Priesterlebens. Er ist nicht wirklich kühn. Er wird zum Zeichen der Hoffnung für eine Frau, die seit Jahren trauert und mit Gott hadert, weil ihr Sohn als kleines Kind gestorben ist; und gerade weil er nur schroffe Worte findet, öffnet er ihr Herz für die Liebe Gottes, der sich in Jesu Kreuzeshingabe ganz selbst an die Menschen verschenkt hat.

All das ist nur möglich gewesen, weil der Pfarrer von Ambricourt in Jesus den Weggefährten gefunden hat, der mit ihm über die Straßen seiner Pfarre geht, und den Freund, dem er sich in den Momenten äußerster Einsamkeit anvertrauen kann. Mit Christus spricht er, wenn er sein *Tagebuch* schreibt; er ist sein wahrer Vertrauter, der einzige, der auch zu den hintersten Winkeln seines Lebens Zugang hat, um ihn bei jedem Schritt zu trösten. Überdies wird ihm gerade im Umgang mit gleichgültigen Menschen, Atheisten oder abtrünnigen Priestern immer deutlicher bewusst, dass er sich entschieden hat, aus seinem Leben eine *Nachfolge Christi* zu machen. Wäre der Priester in der Lage, das Mysterium, das er unmittelbar erfährt, bis ins letzte zu durchdringen, dann würde er die Kühnheit Gottes um so klarer erkennen. Sie würde für ihn zu einer weiteren Herausforderung, sich ganz und gar in seinen Dienst zu stellen und jenes *Fiat* zu sprechen, das immer die stimmigste Formel des Gehorsams bleiben wird, der bereit ist, sich von der Gnade verwandeln zu lassen.

Die Personen des geweihten Lebens

Gottgeweihte Frauen und Männer leisten der Neuevangelisierung einen grundlegenden Dienst. Sie sind zu einer Lebensweise berufen, die in erster Linie auf die Heiligkeit verweist, auf die die ganze Kirche ausgerichtet ist. Diese Lebensweise wird in den gemeinschaftlich gelebten evangelischen Räten greifbar; sie sollen die Neuheit und Radikalität der Christusnachfolge ausdrücken. Während Armut, Keuschheit und Gehorsam zum einen die Entscheidung für das geweihte Leben als einen Akt der Freiheit manifestieren, veranschaulichen sie zum anderen, dass das Evangelium es wert ist, befolgt und gelebt zu werden. Damit wird das geweihte Leben zu einem Werkzeug der Neuevangelisierung, wie es der selige Johannes Paul II. in dem Apostolischen Schreiben *Vita consecrata* unmissverständlich erklärt: „Das geschwisterliche Leben spielt auf dem geistlichen Weg der Personen des geweihten Lebens eine grundlegende Rolle sowohl für ihre ständige Erneuerung als auch für die vollkommene Erfüllung ihrer Sendung in der Welt […]. Ich ermahne daher die Personen des geweihten Lebens, das Gemeinschaftsleben eifrig zu pflegen und damit dem Beispiel der ersten Christen von Jerusalem zu folgen, die voll Eifer die Lehre der

Apostel hörten, am gemeinsamen Gebet und an der Feier der Eucharistie teilnahmen und die materiellen Güter und Gnadengaben miteinander teilten (vgl. Apg 2,42–47). Vor allem ermahne ich die Ordensleute und die Mitglieder der Gesellschaften des apostolischen Lebens, vorbehaltlos die gegenseitige Liebe zu leben und dieser durch die Bestimmungen, die der Natur eines jeden Instituts entsprechen, Ausdruck zu verleihen, damit sich jede Gemeinschaft als leuchtendes Zeichen des neuen Jerusalem, der ‚Wohnung Gottes unter den Menschen' (Offb 21,3), erweise. Denn die ganze Kirche zählt sehr auf das Zeugnis von Gemeinschaften, die ‚voll Freude und erfüllt vom Heiligen Geist' sind (Apg 13,52). Sie möchte die Welt auf das Beispiel von Gemeinschaften hinweisen, in denen die gegenseitige Aufmerksamkeit die Einsamkeit überwinden hilft, die Kommunikation alle dazu anspornt, sich mitverantwortlich zu fühlen, und in denen Vergebung die Wunden heilt und in jedem einzelnen den Vorsatz zur Gemeinschaft stärkt. In derartigen Gemeinschaften lenkt die Natur des Charismas die Kräfte, festigt die Treue und richtet die apostolische Arbeit aller auf die eine Sendung aus. Um der heutigen Menschheit ihr wahres Gesicht zu zeigen, braucht die Kirche dringend solche brüderliche Gemeinschaften, die schon allein durch ihr Bestehen einen Beitrag zur Neuevangelisierung leisten, da sie konkret die Früchte des ‚neuen Gebotes' erbringen" (Nr. 45).

Man darf nicht vergessen, dass viele religiöse Orden in der Geschichte der vergangenen Jahrhunderte zu ebendiesem Zweck, nämlich dem der Evangelisierung, entstanden sind. Für viele Gottgeweihte war der Weg der Mission die Berufung, der sie gefolgt sind, um im Leben der Kirche reiche Frucht zu bringen. Tausende von jungen und nicht mehr ganz so jungen Männern und Frauen haben ihre Familien und ihre Heimat verlassen, um unter Menschen, die den Namen Jesu noch nicht kannten, als Missionare zu wirken. Genauso sind angesichts der heutigen Situation viele zu „Boten der Neuevangelisierung" geworden und haben die Volksmissionen zum Mittel eines erneuerten Glaubenslebens gemacht.

In den letzten Jahrzehnten hat der Heilige Geist überdies neue Erscheinungsformen des geweihten Lebens angeregt, um auf die veränderten Erfordernisse der Zeit zu reagieren. Es handelt sich hierbei nicht um Alternativen zur Vergangenheit, sondern um Ausprägungen, die der Welt von heute eher entsprechen und ihr weitere Zeichen der Heiligkeit vor Augen halten. In dem einen wie in dem anderen Fall gelten in unserem Zusammenhang die bis heute aktuellen Worte Johannes Pauls II.: „Um den großen Herausforderungen, die die gegenwärtige Geschichte an die Neuevangelisierung stellt, in angemessener Weise zu begegnen, bedarf es vor allem eines geweihten Lebens, das sich ständig vom geoffenbarten Wort und von den Zeichen der Zeit befragen lässt. Das Andenken der großen Verkünder des Evangeliums – Männer und Frauen –, die zuvor selbst evangelisiert worden waren, macht offenkundig, dass es zu einem Begegnen mit der heutigen Welt Personen bedarf, die sich voll Liebe dem Herrn und seinem Evangelium weihen. [...] Wie die herkömmliche Evangelisierung, so wird auch die Neuevangelisierung dann wirksam sein, wenn sie von den Dächern zu verkünden vermag, was sie vorher in der innigen Vertraulichkeit mit dem Herrn gelebt hat. Gebraucht werden dafür zuverlässige, vom Eifer der Heiligen beseelte Persönlichkeiten. Die Neuevangelisierung erfordert von den Männern und Frauen des geweihten Lebens, *dass sie sich der theologischen Bedeutung der Herausforderungen unserer Zeit voll bewusst sind.*

Diese Herausforderungen müssen im Hinblick auf die Erneuerung der Mission durch aufmerksame und gemeinsame Abwägung geprüft werden. Der Mut zur Verkündigung des Herrn Jesus muss von dem Vertrauen in das Wirken der Vorsehung begleitet sein, die in der Welt wirkt und ‚alles, auch menschliches Missgeschick, zum größeren Wohl der Kirche bereitstellt'. Wichtige Elemente für eine nützliche Einbeziehung der Institute in den Prozess der Neuevangelisierung sind die Treue zum Gründungscharisma, die Gemeinschaft mit all jenen in der Kirche, die in demselben Auftrag engagiert sind, besonders mit den Seelsorgern, und schließlich die Zusammenarbeit mit allen Menschen guten Willens. Dies erfordert eine ernsthafte Beurteilung des Rufes, den der Geist an jedes einzelne Institut ergehen lässt, und zwar sowohl in jenen Gegenden, in denen keine groben Fortschritte unmittelbar vorherzusehen sind, als auch in anderen Regionen, in denen sich ein tröstliches Wiederaufleben ankündigt. Die Personen des geweihten Lebens sollen an jedem Ort und in jeder Situation leidenschaftliche Verkünder des Herrn Jesus sein, bereit, mit der Weisheit des Evangeliums auf die Fragen zu antworten, die heute von der Unruhe des menschlichen Herzens und dessen dringenden Bedürfnissen her gestellt werden" (Vita consecrata 81).

Laien

Eine ganz besondere Rolle spielen die Laien. Unter diesem Begriff subsumieren wir die vielschichtige und differenzierte Gesamtheit der kirchlich Getauften, die berufen sind, die Erfahrung des Glaubens in den Pfarrgemeinden, Vereinigungen, Bewegungen und in der unermesslichen

Galaxie jener unbegrenzten Möglichkeiten zu leben, die der Geist unablässig für die Sendung der Kirche Christi hervorbringt. Nach den präzisen Darlegungen des II. Vatikanischen Konzils über die Laien kamen die Bischöfe erneut auf dieses Thema zurück, um ihre Berufung und den Sendungsauftrag näher zu charakterisieren, der ihnen im Leben der Kirche anvertraut ist. Das Dokument *Christifideles laici* (1988) ist mit seinem theologischen und spirituellen Reichtum eine echte Hilfe für jeden, der die unverzichtbare Rolle der Laien in der gegenwärtigen Phase unserer Geschichte verstehen will.

Die Konzilskonstitution über die Kirche, *Lumen gentium,* gibt uns einen ganz eigenen und entscheidenden Schlüssel an die Hand, um den Beitrag der Laien zur Neuevangelisierung korrekt zu deuten. Es heißt dort: „Die Laien sind besonders dazu berufen, die Kirche an jenen Stellen und in den Verhältnissen anwesend und wirksam zu machen, wo die Kirche nur durch sie das Salz der Erde werden kann" (Nr. 33). Vor allem die drei Wörter „nur durch sie" sollten uns ernsthaft über den besonderen Beitrag nachdenken lassen, den die Laien zu leisten berufen sind. Mit anderen Worten: es gibt – und das versteht sich eigentlich von selbst – Bereiche und Kontexte, die nur den Laien zugänglich sind und wo sie mit ihrem Berufsleben Zeugnis für ihren Glauben ablegen können. Ihre Präsenz in diesen Bereichen ist unersetzlich, und nur sie sind imstande, der Botschaft Jesu Christi mit einer ersten Humanisierung den Boden zu bereiten.

Genau dies will das Dokument der Synode offenbar genauer erläutern, wenn es den Zusammenhang zwischen dem Thema der Neuevangelisierung und dem Wirken der Laien folgendermaßen einführt: „Ganze Länder und Nationen, in denen früher Religion und christliches Leben blühten und lebendige, glaubende Gemeinschaften zu schaffen vermochten, machen nun harte Proben durch und werden zuweilen durch die fortschreitende Verbreitung des Indifferentismus, Säkularismus und Atheismus entscheidend geprägt. Es geht dabei vor allem um die Länder und Nationen der sogenannten Ersten Welt, in der der Wohlstand und der Konsumismus, wenn auch von Situationen furchtbarer Armut und Not begleitet, dazu inspirieren und veranlassen, so zu leben, ‚als wenn es Gott nicht gäbe'. Die religiöse Indifferenz und die fast inexistente religiöse Praxis, auch angesichts schwerer Probleme der menschlichen Existenz, sind nicht weniger besorgniserregend und zersetzend als der ausdrückliche Atheismus. Auch wenn der christliche Glaube in einigen seiner traditionellen und ritualistischen Ausdrucksformen noch erhalten ist, wird er mehr und mehr aus den bedeutsamsten Momenten des Lebens wie Geburt, Leid und Tod ausgeschlossen. Daraus ergeben sich gewaltige Rätsel und Fragestellungen, die unbeantwortet bleiben und den modernen Menschen vor trostlose Enttäuschungen stellen oder in die Versuchung führen, das menschliche Leben, das sie aufgibt, zu zerstören.

In anderen Gebieten und Ländern dagegen sind bis heute die traditionelle christliche Volksfrömmigkeit und -religiosität lebendig erhalten; dieses moralische und geistliche Erbe droht aber in der Konfrontation mit komplexen Prozessen vor allem der Säkularisierung und der Verbreitung der Sekten verlorenzugehen. Nur eine neue Evangelisierung kann die Vertiefung eines reinen und festen Glaubens gewährleisten, der diese Traditionen zu einer Kraft wahrer Befreiung zu machen vermag. Es ist mit Sicherheit notwendig, überall die christliche Substanz der menschlichen Gesellschaft zu erneuern. Voraussetzung dafür ist aber die *Erneuerung der christlichen Substanz der Gemeinden,* die in diesen Ländern und Nationen leben. Aufgrund ihrer Teilhabe am prophetischen Amt Christi werden die Laien ganz in diese Aufgabe der Kirche einbezogen. Ihnen kommt es in besonderer Weise zu, Zeugnis zu geben vom christlichen Glauben als einzige und wahre Antwort – die alle mehr oder weniger bewusst erkennen und nennen – auf die Probleme und Hoffnungen, die das Leben heute für jeden Menschen und für jede Gesellschaft einschließt. Dieses Zeugnis wird möglich, wenn es den Laien gelingt, den Gegensatz zwischen dem Evangelium und dem eigenen Leben zu überwinden und in ihrem täglichen Tun, in Familie, Arbeit und Gesellschaft eine Lebenseinheit zu erreichen, die im Evangelium ihre Inspiration und die Kraft zur vollen Verwirklichung findet" (Christifideles laici 34).

Mit anderen Worten: der Weg der Neuevangelisierung muss die Welt der Laien in all ihren Ausprägungen und ihrer ganzen Komplexität miteinbeziehen, damit jene Orte, die nur den Laien zugänglich sind, durch ihre positive Präsenz herausgefordert werden. Es versteht sich von selbst, dass ihr Handeln um so wirkungsvoller sein wird, je mehr sie sich der Gemeinschaft zugehörig fühlen, die sie zur Mission ermutigt, ihnen in allen Schwierigkeiten zur Seite steht und ihnen als Bezugsgröße Gelegenheit gibt, von den Wundern zu erzählen, die der Herr durch ihre apostolischen Bemühungen wirkt.

Jeden einzelnen erreichen

Zuweilen hört man die Kritik, die Kirche wolle mit der Neuevangelisierung den Weg des Proselytismus einschlagen. Auch dieser Begriff hat, wie so vieles, im Lauf der

Jahre eine negative Konnotation erhalten. Das ist völlig ungerechtfertigt – ähnlich, wie auch die Ablehnung des Begriffs „Apologetik", den einige mit einer gedanklichen Strömung in einer ganz bestimmten historischen Epoche identifizieren, jeder Grundlage entbehrt. Die Sprache lebt von ihrem Gebrauch, und so ist es nachvollziehbar, dass solche Begriffe mit der Zeit falsch verwendet werden, weil ihre wirkliche Bedeutung in Vergessenheit gerät oder nach und nach negative Nuancen erhält. Das Wort „Proselytismus", dessen Ursprung ungewiss ist, setzt sich zusammen aus der griechischen Vorsilbe *pros* und dem Verb *erkomai* und heißt soviel wie „sich (einer Person oder einer Sache) nähern", „herantreten", auf jemanden „zugehen" ..., kurz: die Grundbedeutung des Begriffs ist vollkommen harmlos. In einem strenger religiösen Sinne beschreibt er die Tatsache, dass man auf jemanden zugeht, um den eigenen Glauben mit ihm zu teilen, und dass der Betreffende diesen Glauben annimmt.

An und für sich fordert jede Religion ihre Gläubigen auf, Proselyten zu sein, weil sie glaubt, sie habe die richtige Antwort auf die Sehnsucht des Menschen, zu Gott in Beziehung zu treten. Ohne einen praktischen Proselytismus würden die Religionen unfruchtbar und wären dazu verdammt, vom Erdboden zu verschwinden. Mit um so größerem Recht hat das Christentum, dem der Herr ausdrücklich aufgetragen hat, allen die frohe Botschaft seiner Verkündigung zu bringen, sich von jeher in dieser Hinsicht betätigt. Im Lauf der vergangenen Jahrzehnte ist das Wort, das manche als Synonym zu „Mission" aufgefasst haben – als ob eine solche nicht mehr stattfinden dürfte und jeder ausdrücklichen Glaubensverkündigung ein Ende bereitet werden müsste –, ungebräuchlich geworden und durch Begriffe wie „Apostolat" oder „Evangelisierung" ersetzt worden. Die Begriffe ändern sich, aber die Bedeutung bleibt die gleiche. Die Kirche hat, wie wir schon mehrfach betont haben, die Aufgabe, das Evangelium zu verkündigen. Der Sendungsauftrag, allen die Frohbotschaft zu bringen, ist für sie keine *Option,* sondern ein Gebot. Wollte sie darauf verzichten, in der Welt die Mittlerin der Offenbarung Jesu Christi zu sein, würde sie sich selbst untreu und wäre zur Bedeutungslosigkeit verdammt – ganz davon zu schweigen, dass dies ein Verrat am Herrn wäre, der ihr diesen Auftrag erteilt hat.

Die Neuevangelisierung ist also nichts anderes als das, was die Kirche im Lauf der vergangenen zweitausend Jahre mit verschiedenen Methoden, aber ein und demselben Ziel immer getan hat: Jesus Christus als wahren Gott und wahren Menschen und als die letzte und endgültige Antwort auf die Frage zu verkünden, wie der Mensch Gott finden kann. In ihm nämlich ist es, anders als in den anderen Religionen, nicht mehr nur der Mensch, der Gott sucht, sondern Gott, der dem Menschen ein für allemal entgegengeht und ihm die Möglichkeit einer unvergleichlichen Liebe anbietet. Die Neuevangelisierung richtet sich also in erster Linie an die Christen und bittet sie, ihr Taufversprechen ernsthaft, aktiv und konsequent zu erfüllen. Es geht mithin weniger um Proselytismus, obwohl dieser an und für sich durchaus legitim ist, sondern um die Herausforderung, wirklich Christen zu sein und Verantwortung zu übernehmen, damit wir alle gemeinsam einer besseren Welt entgegenwachsen.

Wer unseren Absichten nun noch immer mit Skepsis begegnet, der wird sich vielleicht von einer maßgeblichen Äußerung Benedikts XVI. überzeugen lassen. Den Journalisten, die am 16. September 2010 im Flugzeug nach London das traditionelle Interview mit ihm führten, antwortete er: „Ich würde sagen, dass eine Kirche, die vor allem versucht, attraktiv zu sein, schon auf dem falschen Weg ist. Denn die Kirche arbeitet nicht für sich, sie arbeitet nicht dafür, ihre Mitgliedszahlen und damit die eigene Macht zu vergrößern. Die Kirche steht im Dienst eines Anderen, sie dient nicht sich selbst, um stark zu sein, sondern sie dient dazu, die Verkündigung Jesu Christi zugänglich zu machen, die großen Wahrheiten, die großen Kräfte der Liebe, der Versöhnung, die in dieser Gestalt sichtbar geworden sind und die immer von der Gegenwart Jesu ausgehen. In dieser Hinsicht sucht die Kirche nicht die eigene Attraktivität, sondern sie muss für Jesus Christus transparent sein. Und in dem Maß, in dem sie nicht für sich selbst steht, als starke und mächtige Körperschaft in der Welt, die ihre Macht haben will, sondern indem sie sich bloß zur Stimme eines Anderen macht, wird sie wirklich Transparenz für die große Gestalt Christi und für die großen Wahrheiten, die er der Menschheit gebracht hat".

VIII Der Weg der Schönheit

Glaube und Schönheit

Es sollte nicht überraschen, dass man im Zusammenhang mit der Neuevangelisierung über die Schönheit nachdenkt. Die *Via pulchritudinis* nimmt innerhalb des Auftrags, das Evangelium zu verkündigen, einen Ehrenplatz ein, weil die Liebe zur Schönheit zum Wesen dieses Auftrags gehört. Zudem ist, wie die antiken Philosophen lehren, das Schöne liebenswert. Die Schönheit ist eines der bevorzugten Themen der Heiligen Schrift; und die Tatsache, dass die Adjektive „schön" und „gut" geradezu austauschbar sind, verweist unmissverständlich auf die dahinter verborgene Bedeutung und auf die Einheit, die zwischen beiden besteht.

Wir leben oft in einer paradoxen Situation. Der Sinn für das Schöne scheint sich mehr und mehr zu verfeinern, und doch wird auch der Verfall immer offenkundiger. Unsere Städte schmücken sich mit den Reichtümern architektonischer Genialität, die im Lauf der Jahrhunderte Einzigartiges vollbracht hat. Wir sind uns der Verantwortung deutlich bewusst, dieses Erbe für die kommenden Generationen zu bewahren, um die Kultur, deren Kindern und zugleich Eltern wir sind, für sie erfahrbar zu machen und mit ihnen zu teilen.

Gleichzeitig aber ist der Verfall des Schönheitssinns in den verschiedenen Ausdrucksformen des alltäglichen Lebens mit Händen zu greifen. Leider hat man in einigen Fällen versucht, Schönheitsideale durchzusetzen, die einen direkten Bruch mit der Tradition darstellen – mit dem Ergebnis, dass die Schönheit nicht mehr in ihrer Harmonie und dynamischen Entwicklung wahrgenommen werden kann. Das ist ein schwerwiegender Fehler, weil das Kunstwerk zu einer Gesamtheit, einem Ganzen gehört, die Verabsolutierung eines einzelnen Teils aber in die Isolation und Bedeutungslosigkeit führt. Die Schönheit, die den Menschen von jeher fasziniert und eine bestimmte Art der Kontemplation hervorbringt, die ihrerseits Liebe weckt, scheint langsam aus unserer Welt zu verschwinden und sie der Verzweiflung preiszugeben. Wenn das geschehen sollte – was Gott verhüten möge –, dann entstünde eine gewaltige Leere, die durch nichts mehr ausgefüllt werden könnte.

Wo die Schönheit schwindet, da fehlt auch die Liebe und mit ihr der Sinn des Lebens und die Schaffenskraft. Unglücklicherweise wird der Begriff in unserer Welt inflationär verwendet. In dem, was wir sagen, kommt er immer häufiger vor; und doch scheinen wir nicht mehr imstande, Schönheit zu sehen und zu gestalten. Wenn die Schönheit sich nämlich auf die Körperlichkeit beschränkt und nicht mehr in der Lage ist, das Genie zu erwecken, um in seinem Werk die Jahre zu überdauern, gleitet sie ins Vergängliche ab; dann aber geht, folgerichtig, auch der Sinn für das Wahre und das Gute verloren. Lässt deren Anziehungskraft nach, sind wir nicht mehr fähig, Kultur zu schaffen; dementsprechend wird das persönliche und soziale Leben fade. Dieses Risiko ist allzugroß – und niemand scheint sehen zu wollen, was auf dem Spiel steht.

Für den Theologen ist das, was Hans Urs von Balthasar in der Mitte des letzten Jahrhunderts geschrieben hat, nach wie vor eine Herausforderung: „Schönheit ist das letzte, woran der denkende Verstand sich wagen kann, weil es nur als unfassbarer Glanz das Doppelgestirn des Wahren und Guten und sein unauflösbares Zueinander umspielt, Schönheit, die interesselose, ohne die die alte Welt sich selbst nicht verstehen wollte, die aber von der neuen Welt der Interessen unmerklich-merklich Abschied genommen hat, um sie ihrer Gier und ihrer Traurigkeit zu überlassen. Schönheit, die auch von der Religion nicht mehr geliebt und gehegt wird [...]. Schönheit, an die wir nicht mehr zu glauben wagen, aus der wir einen Schein gemacht haben, um sie leichter loswerden zu können".[1]

Ein trauriger Gedanke, der die Gläubigen aufrütteln müsste, damit sie wieder Verantwortung dafür übernehmen, Verkünder der Schönheit zu sein und die Schönheit zum Werkzeug ihrer Verkündigung in der Welt von heute zu machen. Denn von Anfang an hat sich das Christentum mit der Kunst zusammengetan. Sie war im Lauf der Jahrhunderte unser bevorzugter Weg, die Wahrheit des Glaubens und die Gutheit unseres Bekenntnisses auszudrücken und darzustellen. Ganz gleich, in welcher Kultur das Evangelium Jesu Christi verkündet wurde, immer erteilte man auch der Schönheit das Wort, um die Botschaft der Heiligen Schriften zu veranschaulichen und den Abglanz des in der Liturgie gefeierten Mysteriums erfahrbar zu machen. Die Schönheit war der beste Weg, den eigentlichen Inhalt unseres Glaubens zu vermitteln: das Evangelium als die *schöne* Nachricht vom im Mysterium der Liebe Jesu Christi gewirkten Heil. Schon im Jahr 406 nahm der heilige Bischof Paulinus von Nola die *Via pulchritudinis* als Form der Verkündigung der christlichen Wahrheit vorweg und schrieb: „Für uns aber ist die einzige Kunst der Glaube und Christus die Dichtung."[2]

Anders als andere Religionen hat das Christentum, wenn auch nicht ohne Mühe, begriffen, dass, weil der Sohn Gottes die Menschennatur angenommen hatte, man diese auch darstellen und in ihrer Schönheit zeigen konnte. Die Kunst hat sich in den Dienst dieses Grundsatzes gestellt, weil sie verstanden hat, dass jeder ästhetische Weg zwangsläufig das Religiöse als letzte und grundlegende Erfahrung in sich enthalten musste. Die Schönheit ist besser als andere Formen dazu geeignet, das Mysterium des Glaubens mitzuteilen. Denn der Herr wird in der Schönheit wahrgenommen und gefeiert: Das ist keine frei wählbare Option oder Geschmacksfrage, sondern eine unverzichtbare Notwendigkeit, weil das tiefere Mysterium nur so als ein zusammenhängendes Ganzes erfasst werden kann. Denn welche Sprache wäre besser geeignet, das Geheimnis auszudrücken, „das seit ewigen Zeiten unausgesprochen war, jetzt aber [...] kundgemacht wurde" (Röm 16,25)?

Philosophen und Dichter haben miteinander um das Zepter gewetteifert, dabei jedoch einen dritten Konkurrenten aus den Augen verloren: den Künstler. Als Dichter, Philosoph und Theologe in einer Person war er der konsequenteste Schmied der menschlichen Sprache, wenn es darum ging, Gott „auszusagen". Sein Genie vermag die Stäbe jenes Käfigs auseinanderzubiegen, in den die Sprache des Menschen von jeher gesperrt ist – vor allem dann, wenn er sich aufmacht, um das auszudrücken, was die Grenzen der persönlichen Erfahrung übersteigt. Aus diesem Grund muss das Christentum mit der Kunst im Dialog bleiben und darf es sich nicht erlauben, eine so fruchtbare Beziehung abzubrechen, weil es sich dann selbst um einen hervorragenden Weg brächte, die grundlegenden Inhalte des Glaubens darzustellen.

Das Mysterium vereint sich also mit der Schönheit oder läuft Gefahr, in seinem Wesen gar nicht wahrgenommen zu werden. Außerdem zeigt die Geschichte deutlich genug, dass Glauben und Kunst nicht nur eine untrennbare Einheit bilden, sondern ihre Beziehung überdies eine Entwicklung geprägt hat, die den Primat der Schönheit unverkennbar manifestiert. Denken Sie sich nur einmal die Meisterwerke der sakralen Kunst aus den Museen weg – was bliebe, wären kilometerlange leere Gänge; oder die Sakralmusik – ohne sie hätten wir tonnenweise leeres Notenpapier. Oder nehmen Sie alle Werke der christlichen Literatur aus den Bibliotheken – dann stünden wir vor traurigen Reihen verstaubter, leerer Regale. Kurz, unsere Kathedralen, Kirchen und ein großer Teil der künstlerischen Produktion der vergangenen beinahe 2000 Jahre sind die wirkungsvollste Synthese und der schlagendste Beweis für die Fruchtbarkeit der Beziehung zwischen Glauben und Schönheit dort, wo es um unseren Auftrag geht, das Wort Gottes an andere weiterzugeben.

Die Schönheit behüten

„Was aber schön ist, selig scheint es in ihm selbst."[3] Die Schönheit als solche stellt sich als ein Phänomen dar, das sich jeder Definition entzieht und doch zugleich Gegenstand unablässigen Spekulierens ist. Vielleicht ist die Schönheit die einzige Größe, die, gerade weil sie sich zumindest teilweise dem Zugriff der Rationalität entzieht, die Barrieren niederreißen kann, die die vorherrschende technische und ökonomische Mentalität unserer Welt aufgezwungen haben. Warum braucht der Mensch Schönheit? An dieser Stelle mag es hilfreich sein, Dostojewskis *Der Idiot* zu zitieren. Erinnern wir uns an den Dialog zwischen Ippolit und dem an Epilepsie leidenden, todkranken Fürsten Myschkin; darin legt Dostojewski Ippolit folgende Worte in den Mund: „‚Ist es wahr, Fürst, dass Sie einmal gesagt haben, die Welt werde durch die Schönheit erlöst werden? Meine Herren! rief er allen laut zu, ‚der Fürst behauptet, die Welt werde durch die Schönheit erlöst werden! Und ich behaupte, dass er so leichtsinnige Gedanken jetzt deshalb hat, weil er verliebt ist. Meine Herren, der Fürst ist verliebt; vorhin, sowie er hereinkam, habe ich mich davon überzeugt. [...] Was ist denn das für eine Schönheit, durch die die Welt erlöst werden wird? Mir hat Kolja das wiedererzählt ... Sind Sie ein eifriger Christ? Kolja sagt, Sie nennen sich selbst einen Christen.'"[4] Selbst der Atheist Ippolit kann nicht anders, als Schönheit und Liebe zueinander und beide wiederum zum Christentum in Beziehung zu setzen; zwar sind dies für ihn „leichtsinnige Gedanken", und doch sieht er für sich selbst keine andere Lösung als die, seine Tage im Wein zu ertränken.

Zu Recht definierte die Antike die Schönheit als *id cuius ipsa apprehensio placet;* das heißt, die Schönheit ruft im Betrachter Wohlgefallen hervor, beruhigt den Geist und gewährt ihm eine Zuflucht, von der aus er sich selbst und den ihn umgebenden Kosmos mit anderen Augen zu betrachten vermag.

Es ist kein Zufall, dass der von Unruhe getriebene Augustinus rückblickend in seinen Bekenntnissen schreibt: „Spät hab ich Dich geliebt, Du Schönheit, ewig alt und ewig neu, spät hab ich Dich geliebt. Und siehe, Du warst innen und ich war draußen, und da suchte ich nach Dir".[5] Hieraus lässt sich ein Grundsatz ableiten, der uns als Ausgangspunkt dienen kann: Die Schönheit findet sich im

Innersten, wo die Wahrheit ruht. Man kann die Schönheit also in dem Maße wahrnehmen, in dem der Geist die Wahrheit erfasst, und umgekehrt erfasst man die Wahrheit, wenn man sie in ihrer Schönheit sucht. Wieder stehen wir hier vor der Notwendigkeit, Schönheit, Wahrheit und Gutheit als wesentliche Bestandteile des persönlichen Erkennens miteinander zu vereinen; ohne diese Einheit geht alles zu Bruch und verliert seinen Sinn. Denn die Schönheit sucht die Form, die Proportion, damit die Wahrheit sich darin in ihrer Gänze ausdrücken und immer über die Form selbst hinausweisen kann, um deren Ausdruckspotential voll und ganz auszuschöpfen. Mit einem Wort, die Schönheit befähigt den Menschen zur Liebe; sie entrückt ihn in einen höheren Raum, wo er sich selbst ganz hingeben kann, weil er begreift, dass er hier die endgültige Antwort auf die Sinnfrage seines persönlichen Daseins findet. In der Liebe nämlich verdichtet sich das ganze Leben; die Zufriedenheit und das Glück, die aus der Betrachtung der Schönheit erwachsen, gelangen endlich zur Vollendung.

Giovanni Papini, ein umstrittener Florentiner Schriftsteller des vergangenen Jahrhunderts, leiht in seinem Buch *Weltgericht* unter anderem zwei Künstlern seine Stimme, die ihre Kunst erklären. Der erste ist Phidias, der die Prinzipien der griechischen Klassik besser als alle anderen umgesetzt und die plastischen Formen in größtmöglicher Vollendung gestaltet hat; er beschreibt seine Kunst folgendermaßen: „Ich war Bildhauer, aber ich wollte nur Bilder der Gottheit modellieren. [...] Ich versuchte in jenen Standbildern die Form und den Ausdruck der menschlichen Gestalt zu erhöhen und damit vollkommene, harmonische und heiter-gelassene Vorbilder des Menschentums zu schaffen, auf dass die eigentlichen Menschen, wenn sie sie bewunderten, wegen ihrer eigenen Unvollkommenheiten, ihres Verfalls und ihrer Traurigkeit erröten müssten. Meine Statuen wollten die Menschen eine ergriffenere und liebevollere Ehrfurcht gegen die Götter lehren, so dass sie sich ihrer würdiger machten […], dass sie also gottähnlicher würden. Alles in allem waren meine Statuen nichts anderes als ein beständiger Aufruf, dass der Mensch sich selbst überwinde und übersteigere, die menschliche Natur verlasse und sich in jenen lichtvollen und edlen Angesichtern spiegle, um Bruder und Nachfolger jener Gottheiten zu werden."

Der zweite Künstler führt uns mitten hinein in die Epoche des Humanismus; es ist Botticelli, der von sich sagt: „Mein ganzes Leben habe ich damit zugebracht, zu zeichnen und zu malen […]. Die Werke meiner Hand wurden sogar von meinen Zeitgenossen allzusehr gelobt […]; niemand aber, glaube mir, wusste um meine innere Qual oder konnte sie verstehen […]. Ähnlich wie alle, die sich der Kunst widmeten, wurde ich besonders von der äußeren Schönheit der Dinge und der Geschöpfe angezogen, und diese Liebe zu den anmutigen Erscheinungen hielt mich, mehr als ich wusste und wollte, von der Betrachtung der göttlichen Personen und ihrer Taten ab. […] Ich dachte, die wahre Bestimmung des Künstlers läge darin, den Kurzsichtigen die unschätzbare Schönheit der Welt zu offenbaren. Auch dies schien mir ein Akt der Liebe zu sein, wie alles, was danach trachtete, nicht bloß das Glück der Menschen, sondern ebenso auch ihre Dankbarkeit gegen jenen zu vermehren, der soviel Schönheit geschenkt hatte."[6]

Diese beiden Beispiele zeigen – wenn auch in Papinis persönlicher Wahrnehmung –, was die Kunst im Menschen bewirken kann: dass er seinen Geist zu Gott erhebt und die Schönheit der Welt betrachtet, um von ihr aus auf Gott zu verweisen. Zwar könnte dieser Weg in die Irre führen, wollte man nur bei der natürlichen Schönheit verweilen; und doch öffnet sich für den, der das Schöne ausdrückt, letzten Endes immer ein Übergang zu anderen Wirklichkeiten. Die Gemeinsamkeit, die Phidias' heidnische und Botticellis christliche Kunst miteinander verbindet, ist der Anspruch, der der Schönheit selber innewohnt: über die Form hinauszuweisen, um das darin enthaltene Wesen zu erfassen. Nur so nämlich wird die Kontemplation zu einem Weg, die ursprüngliche Schönheit in ihrer Tiefe und ihrem Zusammenhang zu erfassen. Es liegt in der Natur der die Schönheit ausdrückenden Form, es gar nicht zuzulassen, dass der Blick nur bei ihr selbst verweilt; sie kann nicht anders, als den Betrachter in das Innerste dessen hineinzuholen, was sie ausdrückt, und auf die allererste Quelle der Schönheit zu verweisen, die nur eines von uns verlangt: schweigend zu schauen.

Die Kathedrale als Ort der Neuevangelisierung

Wenn von der Schönheit der Kunst die Rede ist, muss man der Kathedrale einen Ehrenplatz einräumen; oft nämlich ist sie der Höhepunkt, in dem die Ausdrucksformen der christlichen Kunst kulminieren. Wir können, um den Ursprung ihrer Schönheit zu erahnen, einen Begriff zu Hilfe nehmen, der dem Glauben der Kirche gewiss nicht fremd, sondern im Gegenteil einer der ersten ist, die ausgesprochen werden müssen: die Gnade. Die ästhetische Erfahrung ist Gnade, und Gnade ist auch das Werk, das vollbracht wird.

In einer Kathedrale wird nichts vergessen: von den Fundamenten bis hin zum Chorumgang, von der Fassade bis zur Apsis, von den Glasfenstern bis zu den Glocken ist alles in der Einheit des theologischen Entwurfs zusammengeführt, um den Ort zu bezeichnen, an dem die Gnade im sakramentalen Leben sichtbar wird, und dieselbe Gnade erleuchtet und trägt auch die Lehre des Nachfolgers der Apostel. Ohne diese Überlegung, die uns hilft, die Einheit und Bedeutung des Baus zu erfassen, bliebe alles Stückwerk. Der Glaube, der das Gebäude trägt, lässt uns in jenem Raum den Sinn des Heiligen verwirklicht sehen; das heißt, dieser ummauerte Ort verweist auf Gott und die Beziehung zwischen ihm und den Menschen. Die christliche Kunst, die sich in der Kathedrale konkretisiert, schöpft also ihre Inspiration aus dem, was in diesem Bauwerk gefeiert wird und was dieses Bauwerk seinerseits ausdeutet. Denn die Kathedrale ist der Ort, an dem die Lehre des Bischofs entspringt und sich über seine Kirche ergießt, ja, als Gebäude ist sie sogar selbst Gegenstand seiner Lehre, weil sie schon mit ihren Steinen die Funktion manifestiert, die auszuüben er berufen ist: Sie ist die *Kathedra,* der Lehrstuhl, von dem aus der Hirte seine Herde um sich schart, um die heilige Eucharistie zu feiern, die Quelle und Gipfel des christlichen Lebens ist, und von dem aus er seine Einsichten in das immer lebendige Wort des Herrn verkündigt.[7]

Eine Kathedrale ist immer mehr als nur ein Gotteshaus aus Stein; in ihr pulsiert die Energie einer dynamischen Gemeinschaft, die jenen Steinen im Lauf der Jahrhunderte „Leben" eingehaucht hat, weil sich in ihnen der Glaube einer Kirche ausdrückt, die im Leben und in der Geschichte der Menschen stets lebendige Gegenwart ist. Die liturgische Handlung wird somit zum hermeneutischen Schlüssel, weil sie uns jenes Mysterium erschließt, das zumindest in diesem Raum nicht nur ein Geheimnis des Glaubens, sondern auch ein Geheimnis des Betens ist.

Die Liturgie lässt uns die Schönheit der Kunst voll und ganz erfassen, weil sie das Mysterium feiert, in dem die erhabenste Schönheit selbst Gestalt annimmt. Es ist kein Zufall, dass unsere orthodoxen Brüder die Liturgie als „Paradies auf Erden" bezeichnen. Genauso ist es. Die Schönheit, die von diesem Ort ausgeht, ist eine Vorahnung dessen, was wir eines Tages zu schauen hoffen. In diesem Zusammenhang erhalten die Worte des Augustinus einen besonderen Klang: „Wir werden also etwas schauen, meine Brüder, was kein Auge je gesehen, kein Ohr je gehört und kein Herz je ergriffen hat: eine Schau, die alle weltliche Schönheit übertrifft, sei es die von Gold und Silber, Wäldern und Feldern, Meer und Himmel, Sonne und Mond, oder Sternen und Engeln. Der Grund ist der: sie ist die Quelle aller anderen Schönheit".[8]

Es darf uns also auch nicht wundern, dass die Christen es für notwendig gehalten haben, der Kunst ihre besondere Aufmerksamkeit zu schenken und viel in sie zu investieren. In der Heiligen Schrift ist ausführlich beschrieben, mit welcher Sorgfalt man jene Dinge herzustellen hat, die dazu bestimmt sind, die Herrlichkeit Gottes zu verkünden. Minutiös beschreibt das Buch Exodus – und das zu einem Zeitpunkt, da das Volk Israel noch mitten in der Wüste unterwegs ist –, wie die Bundeslade, der Altar und sogar die priesterlichen Gewänder auszusehen haben.

Der große Detailreichtum des biblischen Texts macht deutlich, dass nicht die kleinste Kleinigkeit vernachlässigt werden darf: „Sag zu den Israeliten, sie sollen für mich eine Abgabe erheben. Von jedem, den sein Sinn dazu bewegt, sollt ihr die Abgabe erheben. Das ist die Abgabe, die ihr von ihnen erheben sollt: Gold, Silber, Kupfer, violetten und roten Purpur, Karmesin, Byssus, Ziegenhaare, rötliche Widderfelle, Tahaschhäute und Akazienholz; Öl für den Leuchter, Balsame für das Salböl und für duftendes Räucherwerk; Karneolsteine und Ziersteine für Efod und Lostasche. Macht mir ein Heiligtum! Dann werde ich in ihrer Mitte wohnen. Genau nach dem Muster der Wohnstätte und aller ihrer Gegenstände, das ich dir zeige, sollt ihr es herstellen. Macht eine Lade aus Akazienholz, zweieinhalb Ellen lang, anderthalb Ellen breit und anderthalb Ellen hoch! Überzieh sie innen und außen mit purem Gold und bring daran ringsherum eine Goldleiste an! Gieß für sie vier Goldringe und befestige sie an ihren vier Füßen, zwei Ringe an der einen Seite und zwei Ringe an der anderen Seite! Fertige Stangen aus Akazienholz an und überzieh sie mit Gold!" (Ex 25,2–13).

Nicht weniger exakt beschreibt der biblische Verfasser den Tempel Salomos; man denke nur an die Ausgestaltung der *Sancta Sanctorum:* „Zwanzig Ellen vor der Rückseite des Hauses errichtete er vom Fußboden bis zum Gebälk eine Wand aus Zedernholz und schuf so die Gotteswohnung, das Allerheiligste. Vierzig Ellen lang war der davorliegende Hauptraum. Im Innern hatte das Haus Zedernverkleidung mit eingeschnitzten Blumengewinden und Blütenranken. Alles war aus Zedernholz, kein Stein war zu sehen. Im Innern des Hauses richtete er die Gotteswohnung ein, um die Bundeslade des Herrn aufstellen zu können. Die Wohnung war zwanzig Ellen lang, zwanzig Ellen breit und zwanzig Ellen hoch; er überzog sie mit bestem Gold. Auch ließ er einen Altar aus Zedernholz herstellen. Das Innere des Hauses ließ Salomo mit bestem Gold auskleiden und vor der Gotteswohnung ließ er goldene Ketten anbringen. So überzog er das ganze Haus vollständig mit Gold; auch den Altar vor der Gotteswohnung überzog er ganz mit Gold" (1 Kön 6,16–22).

Was hier beschrieben wird, ist nicht das aseptische Inventar eines Gebäudes, sondern Ausdruck der im Tempel verorteten Glaubensgewissheit, dass Gott inmitten seines

Volkes wohnt. Dieselbe Sorgfalt sollte auch das Christentum auf den Bau seiner Kirchen verwenden – alles andere wäre ein Skandal.

Leidenschaft für die Schönheit

Die Kunst, die sich in den Dienst des Heiligen stellt, sollte zu großen Opfern bereit sein, um Werke zu schaffen, die die Zeit überdauern und epochenübergreifend den Glauben bezeugen. Diese Kunst sollte heute wie in der Vergangenheit den Sinn der Einheit des Heilsmysteriums ausdrücken: Alles, von der Schöpfung über die Menschwerdung bis hin zur Eschatologie, sollte in der zeitgenössischen Kunst seinen Platz haben. Die Bedeutung des Lichtes und des Steins, die Wahl der Bilder und der Materialien sollten miteinander darum wetteifern, den Gläubigen zum Mysterium hinzuführen, das zu feiern er berufen ist, damit er sich nicht in seinem eigenen Haus wie ein Fremder fühlt. Die christliche Kunst sollte sich dynamisch in einer kontinuierlichen Entwicklung ausdrücken, die ohne Brüche und nahtlos an den Reichtum vorangegangener Epochen anknüpft.

Ich gebe zu, dass ich es kaum zu begreifen vermag, weshalb manche Schulen der modernen und gegenwärtigen Epoche so krass mit der Vergangenheit gebrochen haben. Noch unverständlicher wäre es mir, wenn ich diese mangelnde Kontinuität auch in der christlichen Kunst feststellen müsste. Das ginge gegen ihre Natur und gegen ihre Berufung, sich dynamisch und ohne Richtungswechsel weiterzuentwickeln. „Jesus Christus ist derselbe gestern, heute und in Ewigkeit" (Hebr 13,8), so heißt es im Hebräerbrief – warum also sollten wir dem darzustellenden Inhalt eine Schönheit aufzwingen, die ihm wesensfremd ist?

Timothy Verdon schreibt: „Zu Beginn des dritten Jahrtausends müssen wir begreifen, wer wir sind, wer wir gestern waren und wer wir morgen sein wollen. In dieser problematischen Zeit wollen wir die Vergangenheit befragen, einen Sinn in der Geschichte suchen und herausfinden, ob eine Kontinuität zwischen Vergangenheit und Zukunft überhaupt möglich ist. Und in einer Kultur wie der heutigen, die so empfänglich für Bilder ist – die sogar ihre wichtigsten moralischen und gesellschaftlichen Botschaften durch Bilder vermittelt –, erhält die sakrale Kunst eine fundamentale Bedeutung. Gläubige und Nichtgläubige sind nach wie vor fasziniert von dem Erbe der Malerei, Bildhauerei und Architektur, das die Christen im Lauf der Jahrhunderte hervorgebracht haben, und zwar nicht nur aufgrund der formalen Schönheit dieser Werke, sondern weil sie darin Themen wiederfinden, die auf drängende Fragen der Gegenwart antworten."[9]

Die Kunst trägt, wenn sie sich in die Sphäre des Heiligen und insbesondere des Christentums hineinbegibt, die große Verantwortung, dem ersten und dem achten Tag Ausdruck zu verleihen; von der Schöpfung bis zur Fülle der Zeiten muss die Schönheit, die aus der Kunst hervorgeht, von dem Mysterium sprechen können, das sich in jenen Tagen erfüllt, und in jedem die Erwartung der Begegnung wecken. Einer Begegnung, die schön sein wird, weil unser Blick sich mit dem der ursprünglichen Schönheit kreuzen wird. Der Reichtum der sakralen Kunst wird damit zur Deutung und glücklichen Vorwegnahme der Heilsgeschichte.

Zu Recht schrieb Joseph Ratzinger: „Die sakrale Kunst findet ihre Inhalte in den Bildern der Heilsgeschichte, angefangen von der Schöpfung und vom ersten Tag hin zum achten – dem Tag der Auferstehung und der Wiederkunft,

in dem sich die Linie der Geschichte zum Kreis vollendet."
Deshalb ist „die völlige Bildlosigkeit [...] mit dem Glauben an die Menschwerdung Gottes nicht vereinbar. Gott ist in seinem geschichtlichen Handeln in unsere Sinnenwelt hereingetreten, damit sie durchsichtig werde auf ihn hin. Die Bilder des Schönen, in denen sich das Geheimnis des unsichtbaren Gottes versichtbart, gehören zum christlichen Kult. Gewiss wird es immer ein Auf und Ab der Zeiten geben, Aufsteigen und Absteigen, also auch Zeiten einer gewissen Kargheit in den Bildern. Aber ganz können sie nie fehlen. Ikonoklasmus ist keine christliche Option."[10]

Hier haben wir also einen weiteren Hinweis darauf, wie die christliche Kunst als Erfahrung der Neuevangelisierung wieder in die richtigen Bahnen gelenkt werden kann. Wir müssen unseren Kunstwerken zur Geltung verhelfen, denn sie sind mit dem Ziel entstanden, die schöne Nachricht zu veranschaulichen, die Jesus Christus uns gebracht hat. Wir besitzen Kunstwerke, die einen echten Katechismus für unsere Zeit darstellen. Ich stelle mir vor, welche Evangelisierungskräfte wir freisetzen könnten, wenn es uns gelänge, die Glaubensbotschaft unserer Kathedralen, Kirchen und heiligen Stätten auf stimmige, klare Weise zu vermitteln. Auch dies ist ein Ausgangspunkt der Neuevangelisierung und in manchen Fällen sogar die erste Verkündigung für viele, die sich vom Glauben entfernt haben. Die Ausbildung echter Experten, die diese Meisterwerke im Rahmen von Führungen erklären können, duldet keinen Aufschub. Es ist unerlässlich, das Studium der Kunstgeschichte mit der Kenntnis der Glaubensinhalte zu verbinden, wenn wir wollen, dass unsere Kunstwerke auch weiterhin zum Nachdenken anregen und zeigen können, dass der Glaube von *gestern* auch in der heutigen Welt noch möglich ist.

In einer Zeit, in der die Schönheit nur eine Sehnsucht zu sein scheint, weil unser Blick von zweideutigen Werken getrübt wird, wird erneut die Forderung nach einer Begegnung mit echten Künstlern laut. In diesem Zusammenhang erhalten die Worte eine besondere Bedeutung, mit der das Zweite Vatikanische Konzil sich an sie wandte: „Jetzt an euch alle, Künstler, die ihr die Geister der Schönheit seid und für die Schönheit arbeitet: Dichter und Literaten, Maler, Bildhauer, Architekten, Musiker, Menschen des Theaters und des Films ... euch allen sagt die Kirche des Konzils mit unserer Stimme: ‚Wenn ihr die Freunde der wahren Kunst seid, so seid ihr unsere Freunde!' Die Kirche hat sich seit langer Zeit mit euch verbündet. Ihr habt ihre Tempel erbaut und ausgestattet, ihre Dogmen gefeiert, ihre Liturgie bereichert. Ihr habt ihr geholfen, ihre göttliche Botschaft in die Sprache der Formen und Figuren zu übersetzen, die unsichtbare Welt mitteilsam zu machen. Heute wie gestern braucht euch die Kirche und wendet sich an euch. Sie sagt euch durch uns: Lasst eines der fruchtbarsten Bündnisse nicht verfallen! Verschließt nicht euren Geist vor dem Wehen des Heiligen Geistes! Diese Welt, in der wir leben, braucht die Schönheit, um nicht in der Verzweiflung zu verdüstern. Die Schönheit bringt wie die Wahrheit Freude in die Herzen der Menschen; sie ist die kostbare Frucht, die dem Verschleiß durch die Zeit widersteht, die die Generationen eint und sie verbindet in der Bewunderung. Und das dank eurer Hände ... Mögen diese Hände sauber und uneigennützig sein! Denkt daran, dass ihr die Wächter der Schönheit der Welt seid: dass das genügt, um euch freizuhalten von Geschmacksrichtungen bloßer Mode und ohne wahren Wert, euch fernzuhalten von der Suche nach sonderbaren und ungeziemenden Ausdrucksformen. Erweist euch immer überall eures Ideales würdig".[11]

Dies wird mit großer Wahrscheinlichkeit möglich sein, solange wir die Schönheit des Glaubens an Jesus Christus noch zu verkündigen vermögen; nur dann nämlich wird die Kraft der Verkündigung die Intelligenz und Sensibilität des Künstlers herausfordern. Deshalb wird der Glaube auch in Zukunft Werke inspirieren können, die in die Kontemplation hineinführen, um die Freude und Zufriedenheit einer Begegnung mit der Schönheit wiederherzustellen. Die Schönheit geht nicht unter, aber sie braucht Menschen, die imstande sind, ihr Antlitz Tag für Tag zu verjüngen, weil sie wissen, dass diese Kathedrale nicht aus Steinen, sondern aus Männern und Frauen besteht, die auch heute noch mit ihrem Glauben die Schönheit des Antlitzes Jesu von Nazareth verkündigen wollen. Er ist wahrer Gott und wahrer Mensch und die letzte Antwort auf die Sinnfrage unserer Gegenwart.

IX Die Ikone

Ein genialer Einfall

Gaudís *Sagrada Família* in Barcelona, die Benedikt XVI. am 7. November 2010 geweiht hat, kann uns als eine Ikone der Neuevangelisierung dienen. Ein Blick auf die Geschichte dieser Kirche mag helfen, diese Wahl zu verstehen und zu entdecken, welche ihrer Bestandteile für die Förderung eines pastoralen Handelns von Bedeutung sind, das den Reichtum des Evangeliums und den Beitrag der Kirche zu Wachstum und Entwicklung der Kultur wieder neu erfahrbar machen kann. Die *Sagrada Família* ist heute allgemein bekannt. Als man auf den Gedanken verfiel, die Kirche zu bauen, war die Grundidee jedoch keineswegs die – und niemand hätte damals ein solches Ziel formuliert –, daraus einen Tempel und eine Ikone der neuen Beziehung zwischen Kirche und Welt zu machen. Der Einfall war genial, ganz ohne Frage, und doch auf die gesellschaftliche, politische und kulturelle Situation beschränkt, die Ende des 19. Jahrhunderts in dem lebhaften Städtchen Barcelona herrschte. Damals gewann die katalanische Bevölkerung unter dem Einfluss der industriellen Revolution gerade auf allen Ebenen zunehmend ihre Identität zurück. Die spirituelle Begeisterung, die verschiedene Bereiche der Gesellschaft durchdrang, wurde zum Motor einer Bewegung, die zur Wiederentdeckung nicht nur einer starken sozialen Identität, sondern auch eines tiefen Zugehörigkeitsgefühls beitragen sollte.

In dieser Situation verfiel Josep Maria Bocabella i Verdaguer, der in der Stadt eine alte religiöse Buchhandlung besaß, auf die Idee, eine Kirche zu Ehren des heiligen Josef zu bauen, die durch seine eigene großzügige Spende und durch die Spenden aller Gläubigen, die sich dazu bereitfänden, finanziert werden sollte. Der Anstoß zu dem Bau kam also diesmal nicht wie sonst von kirchlicher Seite, sondern aus dem Volk, das, wie aus der im Grundstein aufbewahrten Urkunde hervorgeht, das Bedürfnis verspürte, „die schlafenden Herzen aus ihrer Erstarrung zu wecken. Den Glauben zu preisen. Der Liebe Wärme zu schenken. Beizutragen zum Erbarmen des Herrn mit diesem Land". Diese wenigen Hinweise auf den Weg, den zu beschreiten auch wir berufen sind, würden schon genügen, um ihre beispielhafte Bedeutung für unsere Zeit zu erahnen. Die vielen, die sich entfernt haben, aufzurütteln, ist eine dringende Aufgabe für die Christen, die wachsam sein müssen, um die Gegenwart des Herrn zu erkennen, der Freude bringt.

Das Gotteshaus sollte, das zumindest war Bocabellas Absicht, die tiefe Bedeutung der von Christus gewirkten Erlösung zum Ausdruck bringen. Gerade jetzt, da die Stadt größer wurde, wollte er, dass die *Sagrada Família* ein sichtbares Zeichen dafür sein sollte, dass die Kirche sich nicht aus Barcelonas Entwicklung heraushalten durfte; vielmehr musste die Präsenz der Kirche gerade dort unübersehbar sein, wo die Stadt wuchs. Und so erwarb er 1881 im Viertel Eixample für 172.000 Peseten – das ist etwas mehr als 1.000 Euro – das Gelände, auf dem das Gotteshaus errichtet werden sollte. Am Josefstag des darauffolgenden Jahres wurde der Grundstein gelegt; zu diesem

Zeitpunkt plante man noch eine Reproduktion der Kirche von Loreto, in der der Überlieferung nach das Haus von Nazareth aufbewahrt wird. So folgte gewissermaßen alles einer glücklichen Logik, und doch trat gleich in den ersten Jahren ein großes Problem auf. Aufgrund der knappen finanziellen Mittel gestaltete sich das Projekt extrem schwierig. Auf Francisco de Villar, den ersten Bauleiter, folgte Antoni Gaudí, ein junger Architekt von nur 31 Jahren, der die anfänglichen Pläne mit seiner Genialität in kurzer Zeit völlig auf den Kopf stellte und die *Sagrada Família* in das Meisterwerk verwandelte, das wir heute bewundern. Dabei war er von großen Idealen und einem positiven Ehrgeiz getragen. Gaudí wollte Mystik und Kunst miteinander vermählen, das heißt ein Bauwerk schaffen, das auf eine intuitive Weise vom Glauben sprach und diesen Bezug mit jedem einzelnen seiner Steine manifestierte.

Die *Sagrada Família* sollte zu einem Ort werden, wo das Gebet der erste Gedanke des Eintretenden wird und seine schweifenden Blicke wie von selbst zur Entdeckung des Transzendenten geführt werden. Gaudí selbst formuliert dies ausdrücklich in einer seiner Schriften: „Diese Inschriften werden wie ein Band sein, das sich an den Türmen emporwindet. Alle, die sie lesen, selbst die Ungläubigen, werden, indem sie ihren Inhalt entdecken, den Hymnus zur Heiligsten Dreifaltigkeit anstimmen: das *Sanctus, Sanctus, Sanctus*, das, während sie es lesen, ihren Blick zum Himmel lenkt."[1] Das war möglich, weil Gaudí selbst eine tiefe Glaubenserfahrung lebte. Von dem Wunsch beseelt, in Kontinuität mit der Tradition etwas wirklich Originelles und Außergewöhnliches zu schaffen, ging der Architekt in die Schule der Theologie, studierte die Liturgie und goss jedem Stein des Gotteshauses die

Heilsgeschichte ein – genauso wie die Baumeister der gotischen Kathedralen des Mittelalters, die wahre Bibeln aus Stein sind. Man spürt förmlich, wie sein Glaube immer intensiver und tiefer wurde, wenn man die Konstruktion des Gotteshauses betrachtet, die wir nun etwas detaillierter beschreiben wollen.

Ein Katechismus aus Stein

Die erste Fassade, die entstand, war die Geburtsfassade. Das Geheimnis der Menschwerdung Gottes bildet den Höhepunkt des religiösen Phänomens und die eigentliche Besonderheit des christlichen Glaubens. Es ist kein Zufall, dass Gaudí die Fassade mit drei Portiken schmücken wollte, die den drei göttlichen Tugenden gewidmet und jeweils unter dem Schutz eines der Mitglieder der Heiligen Familie gestellt sind. Der zentrale und gleichzeitig höchste Portikus ist der Liebe gewidmet und thematisiert Jesus als höchsten Ausdruck der Liebe Gottes. Zur Erinnerung an die Ereignisse von Bethlehem ist sie wie eine große Grotte gestaltet und zeigt die verschiedenen Krippenszenen von der Anbetung der Hirten bis hin zu den Heiligen Drei Königen. In der Darstellung der Geburt wird das Jesuskind von Maria und Josef beschützt, während die Mittelsäule den kompletten Stammbaum Jesu präsentiert, um seine Gegenwart in der Geschichte und seine Verwurzelung im jüdischen Volk zu dokumentieren.

Der zweite Portikus stellt den Glauben dar, dessen beispielhafte Ikone Maria ist. Er zeigt die wichtigsten Episoden aus Jesu Kindheit und Jugend: in den Armen des greisen Simeon; im Gespräch mit den Schriftgelehrten im Tempel; und bei der Arbeit als Zimmermann. Gleichwohl ist Maria als die Unbefleckte Empfängnis die bedeutendste und ausdrucksstärkste Statue des Portikus.

Der dritte stellt die Hoffnung dar, die im heiligen Josef ihre lebendigste Verkörperung findet.

Überdies hat Gaudí in diese Portiken auch die gesamte Schöpfung einbeziehen wollen, die Gott für das Mysterium der Geburt seines Sohnes preist. Immer wieder entdeckt man hier und dort eingefügt die verschiedenen Tierarten, die wie im Lied der drei Jünglinge aus dem Buch Daniel und später im *Sonnengesang* des heiligen Franziskus allesamt aufgerufen sind, den Herrn zu rühmen. Diese Idee ist auch den alten Kathedralen nicht fremd, und die Darstellung der verschiedenen Tiere, die neben ihrer symbolischen oft auch eine unheilabwehrende Bedeutung haben, ist immer beeindruckend. Gaudí greift Tiersymbole, die wir aus unserem Alltagsleben kennen, auf seine Weise wieder auf. Mich berührt besonders die Darstellung einer Schildkröte an einer Säulenbasis. Die Bildlichkeit ist klar: Alles beruht auf dem Glauben. Seine grundlegenden Inhalte sind in allen Jahrhunderten gleich, und doch bleibt er nicht stehen: Sein langsamer, aber beharrlicher Schritt bringt ihn unaufhaltsam voran und führt zu einem guten Ende. Die spektakuläre Fiale der Fassade schließlich will die in den Portiken behandelten Themen gewissermaßen zusammenfassen, und so begegnet uns hier der Baum des Lebens, der in der Vision aus der Offenbarung immer grün bleibt und Früchte trägt und dessen Blätter den Völkern Heilung bringen (vgl. Offb 22,2). Ganz oben zeigt die Darstellung der Dreifaltigkeit, die die Fassade der Herrlichkeit noch glanzvoller schmücken wird, dass dieses unausschöpfliche Geheimnis des Glaubens Quelle und Höhepunkt des Glaubenslebens und zugleich auch das Ziel ist, dem wir entgegenstreben sollen, weil es uns einlädt, am Leben der dreifaltigen Gottesliebe teilzuhaben.

Die Passionsfassade ruft ganz unmittelbar die Empfindung von Schmerz und Trauer hervor. Die Skulpturen von Josep Maria Subirachs, der die von Gaudí hinterlassenen Studien auf seine persönliche Weise interpretiert hat, sind streng und stilisiert; Dekorationen, wie wir sie von den übrigen Portiken kennen, fehlen hier, und alles ist darauf ausgerichtet, die Dramatik der Ereignisse, die zum Tod Jesu führten, hervorzuheben. Der harte und nackte Stein hat hier das Wort. Die schrägen Säulen, die Baumstämmen ähneln und die Form von Knochen haben, verstärken noch die Trostlosigkeit der Erzählung. Vom Letzten Abendmahl bis hin zur Kreuzigung durchlaufen die beschriebenen Szenen die Ereignisse des Leidens Jesu in einer Abfolge, die den Weg Jesu nach Golgota nachzeichnet. Die Rüstungen der römischen Soldaten, die Schlange, die Judas den Verrat eingibt, das abgehauene Ohr des Malchus und der Schlaf des Petrus im Garten Getsemani finden ihre Synthese im Kryptogramm der 16 Zahlen nach Art einer modernen Kabbala. Die Summe der 310 möglichen Kombinationen der 16 Zahlen beträgt immer und ausschließlich 33 – ein Verweis auf das Alter, das Christus der Überlieferung nach erreicht hat.

Wollte der Geburtsportikus das Geheimnis der Menschwerdung feiern, so preist die Fassade der Herrlichkeit das Glaubensmysterium schlechthin, die Allerheiligste Dreifaltigkeit, und bildet zugleich einen Lobgesang auf die Gottheit Jesu Christi. Eben deshalb hat Gaudí sie entsprechend dem Auftrag Jesu, das Licht der Welt zu sein (Joh 8,12), sehr lichtvoll konzipiert.

Der katalanische Architekt hat diese Fassade nur mehr entwerfen können; doch schon seine Skizzen zeigen, welche Botschaft er der Welt hinterlassen wollte. Sie bilden einen regelrechten Katechismus, der von der Schöpfung bis zum Jüngsten Gericht reicht und uns den Weg zur Fülle des ewigen Lebens weist. Das Glaubensbekenntnis, das Vaterunser, die Sakramente, Paradies und Hölle …, alles scheint gestaltet, um den Höhepunkt des Lebens zu veranschaulichen, das niemals enden wird. Im Zentrum erscheint der verherrlichte Christus, der zwar die Zeichen seines Leidens noch an sich trägt, nun jedoch von Engeln umgeben ist und dessen im Liebestod gewonnene Herrlichkeit in seiner Rolle als Weltenrichter kulminiert.

Die *Sagrada Família* mit ihren Türmen und Fialen, die an den Himmel zu stoßen scheinen, zwingt den Betrachter förmlich, nach oben zu blicken. In gewisser Hinsicht unterschied sich Gaudís Absicht gar nicht von der der Baumeister mittelalterlicher Kreuzgänge. Wer darin umherging, konnte nur den Himmel sehen; nichts und niemand durfte wichtiger sein als die himmlische Bestimmung, die der Kreuzgang versinnbildlichte. Auch in diesem Fall muss derjenige, der die Schönheit dieses Bauwerks bewundern will, seinen Blick nach oben richten: dorthin, wo das Geheimnis seines eigenen Daseins seine Sinnfülle findet. Übrigens kann sich niemand sein eigenes Leben als etwas vorstellen, das auf die Kategorien von Raum und Zeit beschränkt wäre. Irgend etwas drängt uns, darüber hinauszugehen, zwingt uns zu dieser Ahnung der Transzendenz, die wir in unserem Inneren tragen und die uns den Weg vorzeichnet, der wesentlich ist, wenn wir das Rätsel unseres Personseins entschlüsseln wollen

Die Worte des französischen Philosophen Maurice Blondel sind nur ein wahrheitsgetreues Echo dieser existentiellen Erfahrung: „All unseren Willensakten ist ein Unendliches gegenwärtig, und dieses Unendliche können wir weder aus eigener Kraft in unserem Nachdenken festhalten noch mit unserem menschlichen Bemühen reproduzieren".[2]

Der höchste Turm der *Sagrada Família* wird Christus geweiht und mit 170 Metern einer der höchsten Türme der Welt sein – Sinnbild der notwendigen Begegnung mit dem Gottessohn, in der sich das Rätsel des Menschseins löst und die Sinnsuche des Menschen ihre Erfüllung findet. Die Türme der Apostel und die der Jungfrau Maria umgeben ihn und lenken unseren Blick auf den, der wirklich wichtig ist.

Wer Gaudís Werk in seiner architektonischen Prägnanz mit aufmerksamem Auge betrachtet, wird darin Botschaften sowohl aus der Vergangenheit als auch aus der Gegenwart entdecken. Niemandem entgeht, dass es sich um eine Kirche handelt, einen Sakralraum, der mit keinem anderen Bau verwechselt werden kann. Ihre Filialen streben empor und zwingen den Blick nach oben. Ihre Pfeiler haben keine ionischen oder korinthischen Kapitele; zwar spielen sie auf diese Formen an, gehen aber zugleich darüber hinaus, um zu einem waldartigen Geflecht aus Bögen zusammenzuwachsen, wo das Mysterium auf den Betrachter einströmt, ihn jedoch nicht erstickt, sondern ihm Seelenfrieden schenkt. Die Schönheit der *Sagrada Família* spricht zu den heutigen Menschen, obwohl sie die grundlegenden Merkmale der alten Kunst bewahrt. Gaudís Genie vermochte Glauben und Kunst auf intelligente und originelle Weise in einer Entwicklungsdynamik zu verschmelzen, die beider Inhalte unverändert bewahrt. Alle erkennen die Züge der Gotik an dieser Kirche; und doch kann niemand leugnen, dass dieser Stil sich im Geist einer neuen Zeit ausdrückt. Was ihre vertikale Ausrichtung angeht, übertrifft diese Kirche selbst die berühmtesten gotischen Kathedralen bei weitem; das äußere Strebewerk, das normalerweise das Gewicht trägt, ersetzte Gaudí durch die schrägen und verzweigten Säulen, die ungeachtet des scheinbar zerbrechlichen Spiels ihrer labyrinthischen Verflechtungen die innere Struktur zuverlässig tragen und den Ausweg nach oben zeigen, immer weiter nach oben, bis hin zur Begegnung mit dem, der über Zeit und Raum steht.

Eine Kirche für die Stadt

Die *Sagrada Família* scheint – zumal heute – in einem scharfen Gegensatz zu dem Gewirr von Straßen und Häuserzügen zu stehen, das sie wie eine Ikone jener Moderne umgibt, deren Schöpfer und zugleich Opfer wir sind. Und doch reiben sich die beiden Wirklichkeiten nicht aneinander. Sie leben miteinander und scheinen in gewisser Hinsicht sogar füreinander geschaffen: die Kirche für die Stadt und die Stadt für die Kirche. Gaudís Idee hat ein Pendant gefunden, und Bocabellas Traum ist wahr geworden. Seine ursprüngliche Vision ist nun greifbare Wirklichkeit: Dort, wo sich die Stadt ausdehnt, ist auch die Präsenz der Kirche unübersehbar. Ohne jene Kirche, das braucht heute gar nicht mehr eigens gesagt zu werden, würde der Stadt etwas Wesentliches fehlen; gäbe es die *Sagrada Família* nicht, würde dort ein Loch klaffen, das mit keinem Beton der Welt gefüllt werden könnte. Gaudí pflegte zu sagen: „Der Bau der *Sagrada Família* geht langsam voran, weil der Bauherr es nicht eilig hat." Genauso scheint es zu sein. Der Herr aller Dinge, der sieben Tage darauf verwendet hat, die erste Schöpfung zu vollenden, wartet nun auf die Vollendung dieser Kirche und gestaltet diese Wartezeit nach seinen, nicht nach unseren Maßstäben.

In diesem Zusammenhang sind vielleicht auch die Worte des heiligen Ambrosius aufschlussreich. In seinem Kommentar zum Schöpfungsbericht deutete der heilige Bischof von Mailand diesen im Licht der Schönheit; einige seiner Formulierungen erinnern geradezu an die Rhythmen, die Gaudí seinem Gotteshaus aufgeprägt hat: „Gott ließ darum die Erschaffung vorausgehen, die Ausstattung folgen".[3] Wie „Meister, welche menschliche Büsten oder Gestalten aus Marmor meißeln oder aus Erz formen oder aus Wachs prägen"[4], so verleiht Gott Tag für Tag allem, was er erschafft, eine Schönheit, die als Ganzes erst nach Vollendung der Schöpfung zutage tritt. Die Schöpfung bringt Harmonie hervor, und jedes Ding wird geschaffen, um im Einklang mit den anderen zu sein – eine übergeordnete Intelligenz, die ein Kunstwerk zusammensetzt. Dieses „Meisterwerk", schreibt Ambrosius, gipfelt in der Erschaffung des Menschen, der „die Schönheit der ganzen Weltschöpfung widerspiegelt."[5] Ein unachtsamer Leser könnte meinen, mit Adam sei dies alles vorbei, doch so ist es nicht. Ambrosius ist ein viel zu aufmerksamer, philosophisch geschulter und kontemplativer Autor, als dass er vergessen könnte, worauf diese Schönheit eigentlich hinausläuft. „Ja, wir wollen Ruhe geben; denn auch Gott ‚ruhte aus von allen Werken der Welt'. [...] Ich danke dem Herrn, unserem Gott, der ein solches Geschöpf geschaffen hat, in welchem er ruhen konnte. Den Himmel hat er geschaffen: ich lese nicht, dass er ruhte. Die Erde hat er geschaffen, ich lese nicht, dass er ruhte. Die Sonne und den Mond und die Sterne hat er geschaffen: auch da lese ich nicht, dass er ruhte. Wohl aber lese ich, dass er den Menschen geschaffen und dann geruht habe, indem er ein Geschöpf hatte, dem er die Sünden verzeihen konnte."⁶

Auf derselben Wellenlänge liegen auch die Worte, die Papst Benedikt XVI. am Weihetag von Gaudís Kirche sprach: „Mitten in der Welt, im Angesicht Gottes und der Menschen, haben wir in einem demütigen und freudigen Glaubensakt ein immenses Bauwerk errichtet, Frucht der Natur und unermesslicher Anstrengungen der menschlichen Intelligenz, der Erbauerin dieses Kunstwerks. Es ist ein sichtbares Zeichen des unsichtbaren Gottes, zu dessen Ehre diese Türme emporragen: Wie Pfeile verweisen sie auf das Absolute des Lichts und dessen, der das Licht, die Erhabenheit und die Schönheit selbst ist."

Die *Sagrada Família* ist nicht vollendet. Es wird noch eine Weile dauern, bis das Gotteshaus nach den Plänen seines Architekten fertiggestellt werden kann. Auch dieser Aspekt gehört zum Werk der Evangelisierung, das nur mühsam vorangeht. Die Kirche stützt sich nur auf die Schwäche der Menschen, und sie weiß, dass der Geist Christi der eigentliche Bauherr ist: Er führt sie auf den Wegen, auf die er sie gerufen hat. Gerade wegen dieser dynamischen Entwicklungsarbeit aber wird die Evangelisierung zu einer Ausdrucksform, die die Menschen aller Zeiten zu erreichen vermag. Sie darf nicht in der Vergangenheit verharren, sondern muss den Menschen durch die sich kontinuierlich entfaltende Geschichte hindurch begleiten – jene Geschichte, in der Gott Mensch geworden ist und als deren Herr und Erlöser die Botschaft des Evangeliums ihn verkündet. Wie die *Sagrada Família* dank der Spenden der Bevölkerung gebaut werden konnte, so wartet auch die Neuevangelisierung auf den Beitrag jedes einzelnen Gläubigen, der sein Leben in den Dienst des Evangeliums stellt, um dem Menschen von heute deutlicher bewusst zu machen, dass er zu einem besseren und weniger oberflächlichen Dasein berufen ist.

Erlauben Sie mir abschließend noch einen letzten Hinweis auf die symbolische Bedeutung der *Sagrada Família* für die Neuevangelisierung, der das betrifft, was Gaudís Kirche im Namen trägt: die Familie. Einer der grundlegenden Inhalte, für die die Neuevangelisierung sich wird einsetzen müssen, ist ganz sicher die zentrale Rolle der Familie nicht nur im Leben der Kirche, sondern in der ganzen Gesellschaft. Nach christlichem Verständnis leistet sie einen unverzichtbaren Beitrag zur Weitergabe des Glaubens. Die Familie ist die Zelle, das heißt der Grundbaustein der Gemeinschaft; und die Gemeinschaft selbst ist sakramentales Zeichen der Wechselseitigkeit der Liebe und macht die Beziehung der Liebe sichtbar, die den Herrn Jesus mit seiner Kirche verbindet (vgl. Eph 5,23–32). Die Familie ist das schlagende Herz, von dem der Ruf zum Leben ausgeht, und drückt in der Analogie das Geheimnis der unvergänglichen Liebe aus.

Was die Familie betrifft, so befindet sich unsere Gesellschaft derzeit in einer paradoxen Situation. Obwohl allgemein als unverzichtbar anerkannt, scheinen die Fäden, die sie zusammenhalten, doch mehr und mehr auszufransen. Politische Vorstöße zur Stärkung alternativer Modelle, die gesetzliche Anerkennung von Formen des Zusammenlebens, die in keiner Weise als Familie betrachtet werden können, mangelnde Aufmerksamkeit für den gesellschaftlichen Rückhalt und andere Entscheidungen des Gesetzgebers und der Administration drängen sie in den Hintergrund und verüben so ein regelrechtes Attentat auf ihre zentrale Bedeutung für den Wert des Lebens und die Struktur der Gesellschaft.

Johannes Paul II. hat die Kirche als eine „Familie der Familien" beschrieben und somit den klassischen Bildern der Heiligen Schrift ein neues hinzugefügt, das veranschaulicht, welchen Weg die Kirche unermüdlich zu beschreiten berufen ist, um sich ihren Zeitgenossen verständlich zu machen. Auch aus dieser Sicht also wird die *Sagrada Família* zur Ikone einer Kunst, die Beachtung verdient, und von Inhalten, die es zu verkündigen und zu kennen gilt.

X Schlussbemerkung

Zweitausend Jahre unterwegs

Meiner Meinung nach braucht dieses Buch keine Schlussfolgerung. Im Hinblick auf die Diskussion, die sich daraus ergeben wird, und auf die künftigen Beiträge ist es besser, das Ende dieser Überlegungen offenzuhalten. Lassen Sie uns also lieber eine Synthese finden, die die markantesten Punkte der vorangegangenen Seiten noch einmal anklingen lässt. Als der Päpstliche Rat zur Förderung der Neuevangelisierung am 30. Mai 2011 zum ersten Mal zusammentrat, sagte Benedikt XVI. in seiner Ansprache an die anwesenden Kardinäle und Bischöfe: „Der Begriff ‚Neuevangelisierung' erinnert an die Forderung nach einer neuen Art und Weise der Verkündigung vor allem für diejenigen, die in einem Umfeld wie dem heutigen leben, in dem die Entwicklungen der Säkularisierung auch in Ländern christlicher Tradition schwerwiegende Spuren hinterlassen haben. Das Evangelium ist die immer wieder neue Botschaft vom Heil, das von Christus gewirkt wurde, um die Menschheit am Geheimnis Gottes und seinem Leben der Liebe teilhaben zu lassen und sie einer Zukunft vertrauensvoller, starker Hoffnung zu öffnen. Hervorzuheben, dass die Kirche in diesem Moment der Geschichte dazu aufgerufen ist, eine ‚neue' Evangelisierung durchzuführen, bedeutet, die missionarische Arbeit zu intensivieren, um dem Auftrag des Herrn voll zu entsprechen."

Wie man sieht, setzt die Neuevangelisierung die Fähigkeit voraus, im Hinblick auf den eigenen Glauben Rede und Antwort zu stehen und Jesus Christus, den Sohn Gottes und einzigen Erlöser der Menschheit, zu bezeugen. Je besser wir hierzu in der Lage sind, desto besser wird es uns auch gelingen, den Menschen von heute die Antwort zu geben, die sie erwarten oder zu der wir sie hinführen müssen.

Im weiteren Verlauf seiner Ansprache fügte der Papst hinzu: „Jesus Christus als einzigen Retter der Welt zu verkündigen, scheint heute komplizierter zu sein als in der Vergangenheit; doch unsere Aufgabe bleibt dieselbe wie in den Anfängen unserer Geschichte. Die Sendung hat sich nicht verändert, ebensowenig, wie sich der Enthusiasmus und der Mut ändern dürfen, die die Apostel und die ersten Jünger angespornt haben. Der Heilige Geist, der sie veranlasste, die Türen des Abendmahlssaales zu öffnen, und sie damit zu Verkündern des Evangeliums machte (vgl. Apg 2,1–4), ist derselbe Geist, der heute die Kirche zu einer erneuerten Verkündigung der Hoffnung an die Menschen unserer Zeit bewegt. Der heilige Augustinus sagt, man dürfe nicht annehmen, dass die Gnade der Evangelisierung sich nur bis zu den Aposteln erstreckt habe und sich mit ihnen jene Gnadenquelle erschöpft habe, sondern ‚diese Quelle offenbart sich, wenn sie fließt, nicht wenn sie zu strömen aufhört. Auf diese Weise erreichte die Gnade durch die Apostel auch andere, die ausgesandt wurden, das Evangelium zu verkünden …, ja, sie hat weiter bis in diese letzten Tage den gesamten Leib seines eingeborenen Sohnes, also seine über die ganze Erde verbreitete Kirche, berufen' (Sermo 239,1).

Die Gnade der Mission braucht immer neue Verkünder des Evangeliums, die fähig sind, sie anzunehmen, damit die heilbringende Verkündigung des Wortes Gottes in den veränderlichen Verhältnissen der Geschichte nie vernachlässigt werde.

Es besteht eine dynamische Kontinuität zwischen der Verkündigung der ersten Jünger und unserer heutigen. Die Kirche hat im Laufe der Jahrhunderte niemals aufgehört, das Heilsmysterium vom Tod und von der Auferstehung Jesu Christi zu verkünden, aber diese Verkündigung hat heutzutage eine erneuerte Kraft nötig, um den modernen Menschen, der häufig zerstreut und empfindungslos ist, zu überzeugen. Die Neuevangelisierung wird sich deshalb darum bemühen müssen, Wege zu finden, um die Verkündigung der Heilsbotschaft wirksamer zu machen; ohne sie bleibt das menschliche Dasein in seiner Widersprüchlichkeit gefangen und des Wesentlichen beraubt. Auch bei demjenigen, der den christlichen Wurzeln verbunden bleibt, jedoch die schwierige Beziehung mit der Moderne lebt, ist es wichtig, verständlich zu machen, dass das Christsein nicht eine Art Gewand ist, das man privat oder zu besonderen Anlässen anzieht, sondern etwas Lebendiges und Allumfassendes".

Der Papst sagt also mit anderen Worten, dass der Weg der Neuevangelisierung nichts anderes ist als die Fortsetzung des Weges, der durch zwanzig Jahrhunderte der Menschheitsgeschichte von den Aposteln bis zu uns verläuft. Er muss unter dem Primat der Gnade beschritten werden, die es einem jeden erlaubt, die lebendige Gegenwart des Heiligen Geistes wahrzunehmen, der die Herzen verwandelt und zur Aufnahme der Heilsbotschaft bereitmacht.

Im Glauben gerettet

Auch die alten Worte des Apostels Paulus können ein Ansporn für die Boten der Neuevangelisierung sein: „Ihr habt Christus Jesus als Herrn angenommen. Darum lebt auch in ihm! Bleibt in ihm verwurzelt und auf ihn gegründet und haltet an dem Glauben fest, in dem ihr unterrichtet wurdet. Hört nicht auf zu danken! Gebt Acht, dass euch niemand mit seiner Philosophie und falschen Lehre verführt, die sich nur auf menschliche Überlieferung stützen und sich auf die Elementarmächte der Welt, nicht auf Christus berufen" (Kol 2,6–8). Die Situation der christlichen Gemeinde unserer Tage unterscheidet sich nicht sehr von der jener ersten Jünger in der Stadt Kolossai. Im Unterschied zu den Christen anderer Gemeinden gibt das Leben und Verhalten dieser Gläubigen Paulus keinen Grund zum Tadel, im Gegenteil: die Nachrichten, die er erhält, sind erfreulich, und er lobt die Kolosser für ihren Glauben an den Herrn Jesus und für ihr Zeugnis der Liebe; beide Tugenden durchdringen ihr Denken und geben Anlass zur Hoffnung, wie die Worte des Briefanfangs ahnen lassen: „Wir danken Gott, dem Vater Jesu Christi, unseres Herrn, jedes Mal, wenn wir für euch beten. Denn wir haben von eurem Glauben an Christus Jesus gehört und von der Liebe, die ihr zu allen Heiligen habt, weil im Himmel die Erfüllung eurer Hoffnung für euch bereitliegt" (Kol 1,3–5).

Sorge bereitet dem Apostel allerdings das kulturelle Umfeld, in dem die Gläubigen leben. Er fürchtet, dass sie leicht von neuen Lehren, von Philosophien, die seiner Verkündigung wesensfremd sind, und von falschen Vorstellungen getäuscht werden und auf Kosten der Neuartigkeit des Evangeliums in eine Art Synkretismus verfallen könnten. Also ruft er die Christen dazu auf, zwischen dem Wahren und dem Falschen zu unterscheiden: zwischen dem, was Frucht bringt und dem, was dagegen unfruchtbar und vergänglich ist.

Es ist interessant zu beobachten, dass Paulus die Kolosser zuerst an ihr Glaubensbekenntnis erinnert. Ihnen ist Christus verkündigt worden; sie haben sein Wort gehört, das Evangelium angenommen und sich bekehrt. Auf diesem Weg haben sie zu einer Lebens- und Verhaltensweise gefunden, die sie als Jünger des Herrn ausweist. Deshalb muss die Gemeinschaft mit aller Kraft und unbeirrbar an der Verkündigung des Apostels festhalten.

Entscheidend ist also die Weitergabe des Glaubens, weil sie sowohl über die Treue zum verkündigten Evangelium als auch über die Großzügigkeit entscheidet, mit der die Neubekehrten den Glauben annehmen. Interessant sind vor allem die Imperative, die Paulus hier formuliert und die auch für uns heute noch Gültigkeit besitzen: „Lebt im Herrn", „haltet am Glauben fest", „hört nicht auf zu danken", „gebt acht, dass euch niemand verführt".

Die Festigkeit des felsigen Untergrunds, auf den das christliche Dasein gegründet sein muss, steht keineswegs im Widerspruch zu unserer Berufung, beständig unterwegs zu sein, um immer tiefer in das Geheimnis einzudringen. Das Pflanzen und Wachsen sind Ursache und Wirkung zugleich, und nur so ist es möglich, die Gemeinschaft mit immer neuen Jüngern aufzubauen. Die Unterweisung der Christen trägt ebenso zur Festigkeit bei und verhindert, dass sie zum Spielball der verschiedensten Weltanschauungen werden. Der Aufruf, wachsam zu sein, damit niemand in eine Falle gerät, ist dem Apostel ein echtes Anliegen – nicht nur, weil er nicht will, dass seine Arbeit vergeblich war, sondern vor allem, weil die Christen nicht wieder in ein Leben ohne Sinn verfallen sollen.

Die Danksagung schließlich zeigt, wie sehr das Leben der christlichen Gemeinde im Gebet ihren tiefen und unersetzlichen Sinnraum findet. Es geht nicht nur darum, dem Herrn mit Lobliedern und Gebeten zu danken, sondern in der Feier der liturgischen Handlung die gebührende Dankbarkeit für das Geschenk des Glaubens zum Ausdruck zu bringen. Mit einem Wort, der Apostel hält den Gläubigen wieder einmal die Fülle des Glaubenslebens vor Augen, die sich im Bekenntnis, im Gebet und im Zeugnis ausdrückt.

Gemeinsam aufbauen

Auch unsere Epoche muss sich wie schon die vorangegangenen mit ihren eigenen Problemen auseinandersetzen. Wie schon in der Vergangenheit eine intensive Evangelisierungsarbeit auf den Weg gebracht worden ist, so muss sich die Kirche auch heute bewusstmachen, welchen großen Einsatz die Neuevangelisierung fordert. Hierbei können uns die Worte des heiligen Augustinus helfen; er schreibt: „Wer sind, die mit dem Bau sich abmühen? Alle, die in der Kirche Gottes Wort verkünden, die Diener der Geheimnisse Gottes. Alle beeilen wir uns, alle mühen wir uns ab, alle befinden wir uns am Bau. (Gewiss) gab es schon vor uns (Leute), die (herbei)eilten, die sich abmühten, die daran bauten, aber, ‚wenn nicht der Herr sein Haus baut, mühen sich umsonst, die daran bauen'. Deshalb bemühten sich die Apostel (um jene), deren Ruin sie sahen, besonders Paulus, der sagte: ‚Ihr seid (in kultischer Verehrung) auf Tage bedacht, auf Jahre, Monate und Zeiten. Ich befürchte, mich vergeblich um euch bemüht zu haben (Gal 4,10). Weil er wusste, dass er selbst im Innern vom Herrn erbaut werde, beklagte er jene, weil er sich (offensichtlich) vergebens um sie bemüht hatte. Wir also (die Bischöfe) reden (verkündigen) im äußeren Bereich, jener aber erbaut im inneren Bereich. Wie ihr hört, ermahnen wir euch; was ihr (darüber) denkt, weiß jener allein, der eure Gedanken sieht. Er selbst ist es, der baut, der mahnt, der droht, der das Verstehen ermöglicht, der euren Sinn auf den Glauben richtet; und dennoch mühen auch wir uns gleichsam wie Taglöhner ab".[1] Die Neuevangelisierung, das tritt hier in aller Deutlichkeit zutage, muss auf das Wirken Gottes vertrauen, der uns die Wege zeigt, die wir zu gehen haben, und auf den Beistand des Heiligen Geistes, der dem Handeln der neuen Freudenboten vorangeht, es lenkt und es trägt.

In diesem Zusammenhang ist es der Mühe wert, sich eine mittelalterliche Erzählung in Erinnerung zu rufen. Ein Dichter ging an einer Baustelle vorbei und traf auf drei Steinmetze, die in ihre Arbeit versunken waren. Er wandte sich an den ersten und fragte ihn: „Was tust du da, mein Freund?" Achtlos antwortete ihm der Steinmetz: „Ich behaue einen Stein." Der Dichter ging weiter und sah den zweiten, dem er dieselbe Frage stellte, und der antwortete überrascht: „Ich arbeite an einer Säule mit." Wenige Schritte weiter sah er den dritten und richtete auch an diesen dieselbe Frage; die begeisterte Antwort war: „Ich baue eine Kathedrale!"

Das Werk, das wir zu schaffen berufen sind, ist neu, doch der Sinn ist der alte geblieben. Viele Arbeiter sind in den Weinberg des Herrn berufen, um die Neuevangelisierung zu vollbringen; sie alle werden einen Grund für ihr Engagement haben. Was ich mir wünsche und was ich gerne hören würde, ist, dass jeder auf die Frage „Was tust du da, mein Freund?" antworten kann, dass er eine Kathedrale baut. Jeder Gläubige, der sich in Treue zu seinem Taufversprechen Tag für Tag bemüht, seinen Glauben begeistert zu bezeugen, leistet seinen originellen und einzigartigen Beitrag zum Bau dieser großen Kathedrale in der Welt von heute. Es ist die Kirche unseres Herrn Jesus, sein Leib und seine Braut, sein Volk, das beständig unterwegs ist und es nicht müde wird, allen zu verkündigen, dass Jesus auferstanden, dass er ins Leben zurückgekehrt ist und dass alle, die an ihn glauben, an diesem Mysterium der Liebe Anteil erhalten werden: dem Heraufdämmern eines immer neuen Tages, der nie enden wird.

Daran hat Benedikt XVI. in der Predigt zum Fronleichnamsfest 2011 erinnert und geradezu eine Arbeitsmethode entworfen: „Im Christentum ist nichts Magisches am Werk. Es gibt keine schnellen Abkürzungen, sondern alles verläuft durch die bescheidene und geduldige Logik des Weizenkornes, das zerbricht, um das Leben zu schenken, durch die Logik des Glaubens, der mit der sanften Kraft Gottes Berge versetzt. Deshalb will Gott die Menschheit, die Geschichte und den Kosmos immer wieder erneuern durch diese Kette der Verwandlungen, deren Sakrament die Eucharistie darstellt. Durch das gesegnete Brot und den gesegneten Wein, in denen sein Leib und sein Blut tatsächlich gegenwärtig sind, verwandelt Christus uns, indem er uns in sich aufnimmt: Er bezieht uns in sein Erlösungswerk ein, indem er uns durch die Gnade des Heiligen Geistes dazu fähig macht, nach seiner eigenen Logik des Schenkens zu leben, wie Weizenkörner, die in ihm und mit ihm vereint sind. So werden in die Ackerfurchen der Geschichte die Einheit und der Friede ausgesät und zur Reife gebracht, die nach Gottes Plan das Ziel sind, nach dem wir streben. Ohne Illusionen, ohne ideologische Utopien gehen wir durch die Straßen der Welt, während wir in uns den Leib des Herrn tragen, wie die Jungfrau Maria im Geheimnis der Heimsuchung. Mit der Bescheidenheit des Bewusstseins, einfache Weizenkörner zu sein, hüten wir die feste Gewissheit, dass die Fleisch gewordene Liebe Gottes größer ist als das Böse, die Gewalt und der Tod. Wir wissen, dass Gott für alle Menschen einen neuen Himmel und eine neue Erde vorbereitet, in denen Friede und Gerechtigkeit herrschen, und im Glauben erblicken wir bereits die neue Welt, die unsere wahre Heimat ist. Auch heute abend, während die Sonne über unserer geliebten Stadt Rom untergeht, machen wir uns auf den Weg: Mit uns ist der Eucharistische Jesus, der Auferstandene, der gesagt hat: ‚Ich bin bei euch alle Tage bis zum Ende der Welt (Mt 28,20).‘"

Einige Tage vor seiner Wahl zum Papst hatte Benedikt XVI. in Subiaco einen Vortrag über die Situation Europas gehalten. In dieser klarsichtigen Gegenwartsanalyse sprach er unter anderem die folgenden, weitblickenden Worte, die den Boten der Neuevangelisierung als Programm dienen können: „Was wir in diesem Moment der Geschichte vor allem brauchen, sind Menschen, die Gott durch einen erleuchteten und gelebten Glauben in dieser Welt glaubhaft machen. [...] Wir brauchen Menschen, die den Blick geradewegs auf Gott richten und von dort die wahre Menschheit begreifen. Wir brauchen Menschen, deren Verstand vom Licht Gottes erleuchtet und deren Herz von Gott geöffnet wird, so dass ihr Verstand zum Verstand der anderen sprechen und ihr Herz die Herzen der anderen öffnen kann. Nur durch Menschen, die von Gott berührt sind, kann Gott zu den Menschen zurückkehren."[2]

Von hier geht die Neuevangelisierung aus: von der Glaubwürdigkeit unseres Lebens als Christen und von der

Überzeugung, dass die Gnade wirkt und verwandelt und die Herzen bekehrt. Auch nach zweitausend Jahren Geschichte noch immer eine Herausforderung für uns Christen.

Anmerkungen

I. Eine Herausforderung

1 Johannes XXIII., Ansprache zur Eröffnung des 2. Vatikanischen Konzils am 11. Oktober 1962 *Gaudet Mater Ecclesia*, Nr. 6.5, in: Herder-Korrespondenz 17 (1962/63), 85–88.

II. Neuevangelisierung

1 Vgl. hierzu G. Friedrich, „ευαγγελιζομαι", in: *Grande Lessico del Nuovo Testamento* (GLNT), III, 1023-11-06.

2 Vgl. A. Dulles, *John Paul II and the New Evangelisation: What Does It Mean?*, in: R. Martin/P. Williamson (Hg.), *John Paul II and the New Evangelisation*, Cincinnati 2006, S. 4.

3 Johannes Paul II., *Ansprache an die Versammlung der CELAM in Port-au-Prince, Haiti* (9. März 1983).

III. Der Kontext

1 Dietrich Bonhoeffer: *Widerstand und Ergebung. Briefe und Aufzeichnungen aus der Haft.* Neuausgabe, hg. von E. Bethge, München ³1985, S. 394 (Brief an E. Bethge vom 16.7.1944).

2 In diesen Kontext wäre auch die Problematik einzuordnen, die um die Frage nach dem Ende der Moderne

und nach der neuen „Postmoderne" und ihren Kennzeichen kreist. Dies ist jedoch nicht der richtige Ort, um näher auf dieses Thema einzugehen, das wir bereits in anderen Büchern behandelt haben, vgl. R. Fisichella, *Nel mondo da credenti,* Mailand 2007; ders., *Identità dissolta. Il cristianesimo lingua madre dell'Europa,* Mailand 2009.

3 Vgl. G. Lipovetsky, *L'ère du vide,* Paris 1983, S. 70–112.

4 Justin der Märtyrer, *Apologia* XII, 1.

5 A. de Tocqueville, *Über die Demokratie in Amerika,* München 1976, S. 333f.

IV. Jesus Christus im Zentrum

1 Vgl. Benedikt XVI., *Ansprache vor Vertretern aus der Welt der Kultur im Collège des Bernardins* (Paris, 12. September 2008).

2 In diesem Zusammenhang wäre es interessant, sich mit dem Satz des heiligen Augustinus: *Si comprehendis, non est Deus* auseinanderzusetzen, der gerade im Hinblick auf die Wissenschaft von besonderer Bedeutung ist.

3 Ignatius von Antiochien, *An die Magnesier,* IV, 1.

VI. Perspektiven

1 P.-M. Gerlier, *Discorso di chiusura,* in: Versch. Verf., *L'evangelizzazione,* Rom 1950, S. 229–230.

2 Vgl. H.-G. Gadamer, *Verità e metodo,* Mailand 1983, S. 528–529 (Original: Hans-Georg Gadamer, *Wahrheit und Methode,* Tübingen 1960).

VII. Neue Boten des Evangeliums

1 Augustinus, *Sermones,* 340, 1.

2 Augustinus, *Sermones,* 272, 1.

3 Ignatius von Antiochien, *Brief an die Philadalphier,* IV.

4 Benedikt XVI., *Predigt während der hl. Messe zum Abschluss des Priesterjahres* (11. Juni 2010).

VIII. Der Weg der Schönheit

1 H. U. von Balthasar, *Herrlichkeit. Eine theologische Ästhetik,* Bd. I, Einsiedeln 1961, S. 16.

2 Paulinus von Nola, *Carmen,* 20, 32.

3 *Was aber schön ist, selig scheint es in ihm selbst,* in E. F. Mörike, *Idylle vom Bodensee oder Fischer Martin,* 1846.

4 Fjodor Dostojewski: *Der Idiot,* Frankfurt am Main 1981, Teil III, Kap. 5.

5 Augustinus, *Bekenntnisse,* 10,27,38.

6 G. Papini, *Weltgericht,* Freiburg 1959, S. 479; 484f.; vgl. auch C. Valenziano, *Bellezza del Dio di Gesù Cristo,* Gorle 2000, S. 10.

7 Vgl. J. Doré, *Un livre de référence sur la cathédrale de Strasbourg,* in: *La grâce d'une cathédrale,* Straßburg 2007, S. 7.

8 Augustinus, *Kommentar zum ersten Johannesbrief,* 4, 5.

9 T. Verdon, *L'arte cristiana in Italia,* Cinisello Balsamo (Mailand), 2006, S. 27.

10 J. Ratzinger, *Theologie der Liturgie. Gesammelte Schriften,* Bd. 11, Freiburg i. Br. 22008, S. 119.

11 Paul VI., *Botschaft an die Künstler,* 8. Dezember 1965 (zum Abschluss des Zweiten Vatikanischen Konzils), in: Herder-Korrespondenz 20 (1966), 44f.

IX. Die Ikone

1 Zitiert nach L. Martínez Sistach, *Segno di Dio nel cuore della metropoli,* in: L'Osservatore Romano, 1. Juni 2011.

2 M. Blondel, *L'Action 1893,* Paris 1973, S. 418.

3 Ambrosius, *Hexameron,* II,7,27.

4 *Ibidem,* III,5,21.

5 *Ibidem,* IX,10,75.

6 *Ibidem,* IX,10,75–76.

X. Schlussbemerkung

1 Augustinus, *Auslegung der Psalmen,* 126,2–3.

2 J. Ratzinger, *Europa in der Krise der Kulturen,* übersetzt aus dem Italienischen von Claudia Reimüller, in: Die Tagespost, 14. Mai 2005.

Sankt Ulrich Verlag

Kurt Kardinal Koch
ENTWELTLICHUNG
und andere Versuche,
das Christliche zu retten
ISBN: 978-3-86744-218-3
Geb., 192 Seiten

Angelo Kardinal Scola
EUCHARISTIE
Mysterium der Freiheit
ISBN: 978-3-936484-35-9
Geb., 176 Seiten

Ausgehend von einem literarischen Märchen zeigt Léonard, dass es im menschlichen Leben „hundert Gründe gibt, zu verzweifeln, und tausende Gründe, Hoffnung zu haben". Ein außergewöhnliches Buch gegen Krisenstimmung, Depression und Hoffnungslosigkeit!

André Leonard
WINTERREISE
Christliche Hoffnung ist kein Märchen
ISBN: 978-3-86744-095-0
Geb., 256 Seiten

www.sankt-ulrich-verlag.de